PNL PRÁCTICA!

Aprenda Programación Neurolingüística Práctica Aplicando sus Técnicas y Secretos Psicológicos

Curso rápido de PNL Programación
Neurolingüística práctico
y aplicado para principiantes

Juan David Arbeláez
www.MagiaMental.com

EDICIONES MENTE | LATERAL

Derechos reservados. Ninguna parte de este libro puede ser reproducida o transmitida en cualquier forma o por ningún medio electrónico o mecánico, incluyendo fotocopiado, grabado o por cualquier almacenamiento de información o sistema de recuperación, sin permiso escrito de Juan David Arbeláez.

COPYRIGHT© Juan David Arbeláez
www.magiamental.com

Ediciones Mente Lateral
www.MenteLateral.com

Juan David Arbeláez

Mentalista corporativo, escritor y conferencista internacional

Información de contacto para conferencias y presentaciones:

E-mail: consultamelo@hotmail.com
Web: http://www.magiamental.com
Facebook: http://facebook.com/magiamental
YouTube: http://youtube.com/magiamental

¡Gracias por adquirir este libro!

Le invitamos a que deje su reseña sobre el mismo en el sitio web **www.amazon.com**, y que se una a nuestra grupo en Facebook en la siguiente dirección: **http://facebook.com/magiamental**

A esas voces internas que a veces quieren hacerse a nuestro control…

Contenido

Introducción 1

¿Qué Es La Pnl? 7

Lo Que No Es La Pnl 15

Los Pilares De La Pnl 19

Las Presuposiciones De La Pnl 27

Operando Su Panel De Control Mental ... 37

Aprende A Transformar Tus Recuerdos ... 47

Una Técnica Para Destruir Sus Miedos Y Transformar Sus Recuerdos 55

Técnica Para Generar Hábitos Y Cambiar Una Conducta Por Otra 59

Secretos De Empatía Y Lenguaje Corporal 69

Conjurar Palabras Mágicas 79

Cinco Poderosas Palabras Mágicas Adicionales 89

Tres Secretos Lingüísticos 97

Interrupción De Patrones 105

Anclajes Neurolingüísticos 117

El Círculo De La Excelencia 127

Cómo Usar Pnl En Negociación 133

Instálate Nuevos Programas Mentales Para Hacerte Al Beneficio De Los Demás 143

Una Técnica De Pnl Para Transformarte En Quien Desees 149

Conclusiones 155

Acerca Del Autor 158

Otros Libros 160

Introducción

¡Bienvenido a PNL ¡PRÁCTICA!

Un curso diseñado para enseñarle Programación Neurolingüística de una manera fácil, rápida, práctica y además, ¡en minutos!

Mi nombre es Juan David Arbeláez y es para mí un verdadero placer acompañarlo en esta aventura de conocimiento: Acercarse a ideas 100% útiles y sin rellenos acerca de esta poderosa herramienta: la programación neurolingüística.

Muchas personas creen que para aprender programación neurolingüística deben acudir a costosos cursos de certificación y seminarios en el tema.

Es más, cuando buscan información en librerías al respecto, se ven abrumados con centenares de textos con precios exorbitantes y complejidad abrumadora.

¡Esto no tiene por qué ser así!

Sin duda obtener una titulación en PNL puede ser algo satisfactorio, pero... para la mayoría de personas, no es posible disponer del tiempo, ni el dinero para dicha formación.

Es allí donde este curso hace su aparición: ¡PNL YA! es precisamente la respuesta para todos nosotros, que no tenemos el tiempo, no queremos gastar nuestro dinero, o no necesitamos una certificación para sacarle provecho a esta tecnología en nuestras vidas.

Aprender programación Neurolingüística tampoco tiene por qué ser tedioso ni complejo. Para este curso, he condensado solo lo mejor de la PNL y lo he dispuesto de manera que usted obtenga todo lo necesario para comenzar a aprovechar los beneficios de la Programación Neurolingüística en su día a día.

Obviamente, alguno de los autodenominados gurús de la PNL, dirá que hay varios temas que no abarco. No se equivoca: Soy un fiel creyente y practicante del principio de Pareto o ley del 80/20. Dicho principio, argumenta que el 20% de las causas son responsables del 80% de los resultados.

Esa es precisamente la filosofía detrás de este curso: Usted NO encontrará información de relleno aquí, como sí el material más útil y verdaderamente práctico acerca de este tema.

¿Y quién soy yo para enseñarle PNL y hacer semejante aseveración?

Pues bien, mi nombre como se lo dije al comienzo es Juan David Arbeláez. Soy un empresario, autor colombiano, y conferencista internacional

las más grandes compañías Colombianas me han contratado una y otra vez, para acompañarles en sus procesos de coaching y entrenar a sus empleados en dichas técnicas (lo invito a que conozca mi sitio web en **www.magiamental.com** para que revise algunos de mis clientes y conozca un poco más de mí), y cuando de grandes compañías se trata, hay una regla inquebrantable: EL TIEMPO ES ORO: ¡Estas empresas, lo que menos necesitan es relleno! Necesitan la información aquí y ahora, de una manera fácil de digerir, y sobre todo: que pueda ponerse en práctica de manera inmediata por cientos, sino MILES, de sus empleados.

Puedo decir con tranquilidad, que el hecho de que me sigan llamando semana tras semana, a compartir lo que sé para enseñarlo a los suyos, es garantía de que sé de lo que estoy hablando, y lo que tengo aquí en este curso para compartirle.

Es así, que usted aprenderá rápidamente, lo que es en sí la programación neurolingüística (PNL de ahora en adelante). Usted aprenderá en tiempo récord cómo hablar con propiedad del tema, conocerá cuáles son los pilares y suposiciones en que se sustenta, y que tanto hay de útil en su aplicación a la vida diaria –Sí, hay muchas cosas para las que la PNL simplemente NO SIRVE, y yo no tengo ningún problema en señalárselas, para que no pierda su tiempo ni su dinero en material que considere complementario y que simplemente resultará "estrafalario" –.

Luego, entraremos de lleno a las técnicas, la mejor parte de esta tecnología: Le enseñaré como operar su panel de control mental, y reorganizar y realmacenar sus experiencias personales, para resignificarlas y obtener nuevas perspectivas. Le mostraré cómo superar y transformar malas emociones y recuerdos pasados en anécdotas cómicas que no influyan en su presente.

Además le explicaré como transformar sus conductas negativas y reemplazarlas por positivas con una poderosa técnica que puede ser considerada la más valiosa que exista en el ámbito de la PNL.

También exploraremos el ámbito de la empatía y el lenguaje corporal. Un tema que me apasiona y que aquí le explico de manera ultra-práctica para comenzar a usarla instantáneamente.

Además, he decidido incluir un par de sesiones dedicados al poder de nuestras palabras. Usted aprenderá lo que denomino como "palabras mágicas" para transformar nuestra realidad, así como trucos lingüísticos que le servirán como atajos al momento de influenciar e inspirar a los demás.

Le enseñaré como romper el tren de pensamiento de cualquier persona, una técnica maravillosa, que bien podría ser considerada de control mental al mejor estilo de la CIA, pero que no obedece a ningún fenómeno hipnótico, como sí, a principios psicológicos de fácil implementación –De hecho se sorprenderá cuando la use por primera vez–.

También le explicaré como evocar estados anímicos por medio de poderosos anclajes, mecanismos de la PNL para generar emociones en nosotros mismos que nos puedan ser de utilidad cuando así lo requiramos.

Como la PNL tiene aplicación en multitud de campos, también dedico un buen capítulo a la búsqueda de la excelencia y como aplicarla para lograr ser la mejor versión de nosotros mismos, así como técnicas aplicadas de liderazgo y negociación. Así es: No he querido dejar nada de lo que en verdad funciona de la PNL por fuera, y este libro le enseñará en minutos como echar mano de la PNL para transformar para bien su entorno laboral.

Ahora bien, si usted está buscando un curso sobre como hipnotizar a los demás, o controlarlos mentalmente. Lo siento. Este curso no es lo que usted busca, y la verdad, tampoco creo que lo encuentre, así existan docenas de libros y seminarios sobre PNL que aseguren que tales cosas son posibles.

10. La PNL es la búsqueda de la excelencia y replicación de modelos útiles que han probado su

practicidad en otros individuos. Es por eso que la palabra clave en este texto es PRACTICIDAD: material a su alcance que puede probar de manera inmediata y sin falsas promesas.

Sé que este curso le aportará.

Procure darle una pausa a su cerebro tras cada sesión. Créame: el hacerlo permitirá que este conocimiento eche raíces en su mente y así logre cimentarse para su posterior estudio y aplicación.

Bien, ¿estamos listos?

Empecemos entonces con este fascinante viaje al mundo de la programación neurolingüística, tengo un montón de técnicas que mostrarle que sin duda le sorprenderán.

Esto es ¡PNL YA!

¡Comencemos!

¿Qué Es La PNL?

Cuando alguien escucha por primera vez el término PROGRAMACIÓN NEUROLINGUISTICA, la reacción siempre suele ser la de preguntarse "¿Programación Neuro-qué?"

Se trata de un término rimbombante capaz de competir con cualquiera de los trabalenguas con que uno solía jugar cuando era niño.

¿Qué es La programación neurolingüística, eso... cómo se come, cómo se aplica y lo más importante... para qué me sirve y cómo puedo aprovecharla?

Bien, no se necesita ser un genio para notar que el término programación neurolingüística resulta de la combinación de las palabras **programación**, **neuro** y **lingüística**. Pero mirémoslos en detalle:

PROGRAMACIÓN:
Programar es la acción de codificar y generar pro-

gramas o secuencias de acciones que siguen un orden lógico para obtener un resultado. En este caso, cuando hablamos de programas en nuestro cerebro, nos referimos a nuevas formas de pensar, nuevas formas de actuar, nuevos hábitos y nuevas creencias. Toda habilidad aprendida, es en realidad, un programa aprendido. Y por lo tanto, cualquier persona que pueda aprender una habilidad, puede aprender Programación Neurolingüística. Si uno puede amarrarse los cordones de los zapatos, con seguridad uno puede aprender programación neurolingüística. ¡No hay excusa!

NEURO:
Este término, hace referencia a nuestro comportamiento y nuestros procesos neurológicos: Esto es, qué vemos, qué escuchamos y qué tocamos, qué es aquello que pensamos y sentimos, y cuáles son los procesos alrededor de lo que somos.

LINGÜISTICA:
Que hace referencia al lenguaje y qué palabras empleamos al interactuar con nosotros mismos y los demás, cuáles son los patrones que siguen nuestros pensamientos y nuestros comportamientos, y en qué niveles nos estamos comunicando. Es bien sabido que constantemente estamos enviando mensajes al mundo y a nosotros mismos, bien sea con nuestras palabras, o nuestro lenguaje corporal.

Todos hemos escuchado aquello de que nuestro cerebro es la más avanzada de las computadoras. No existe máquina ni dispositivo creado por el hombre con semejante complejidad ni capacidad de procesamiento similar. Y como cualquier computadora, nuestra mente, también puede programarse.

Así que podemos decir que la Programación Neurolingüística es simplemente, una de las muchas formas que existen, para programar esta súper computadora que es nuestro cerebro. No suena tan complicado después de todo, ¿no lo cree?

Hago énfasis en aquello de que es <u>UNA</u> de las formas existentes, porque debo ser claro y honesto: La Programación Neurolingüística o PNL por sus siglas, es en sí una herramienta que como tal, sirve muy bien para efectuar cierto tipo de trabajos, pero para otros tal, vez no sea la herramienta correcta.

Por ejemplo, es un hecho que usted no buscaría atornillar un clavo. Mucho menos buscaría hacerlo con un serrucho. Primero, los clavos no se atornillan y segundo, un serrucho no ha sido diseñado para ello.

Luego, la PNL es una poderosa disciplina que nos permite mejorar nuestra forma de comunicarnos y buscar la excelencia. Es una herramienta para ayudarnos a administrar nuestros pensamientos y comunicarnos con nosotros mismos y los demás de una manera más eficiente.

¿Y entonces, qué nos permite lograr la programación neurolingüística?

En su libro GUÍA DE PNL, Joseph O'conor cuenta una fantástica historia para definir el alcance que tiene esta maravillosa herramienta:

El niño se acerca a su madre y le pregunta "Mamá, podrías explicarme ¿qué es la programación neurolingüística?". La mamá le contesta "Claro que sí hijo, pero primero necesito que hagas algo para que puedas comprender mejor, ¿ves a tu abuelo allí sentado en su silla?"

"Sí" respondió el niño.

"Pues ve, y pregúntale cómo se siente de su artritis hoy".

El niño va donde su abuelo y preguntándole "Abuelito, ¿cómo está tu artritis el día de hoy?", el abuelo le responde "Hmmm, siempre empeora cuando hace frío. Apenas puedo mover los dedos" respondía mientras fruncía el ceño en señal de dolor.

El niño vuelve donde su madre a comentarle lo que le ha respondido el abuelo: "Me dijo que su artritis está mal. Creo que le duele y mucho. Pero mamá, ¿me vas a decir ahora que es eso de Programación Neurolingüística?"

"En un momento lo entenderás hijo", replicó la madre. "Ahora, ve donde tu abuelo de nuevo y pregúntale esta vez, ¿qué es lo más gracioso que recuerda que hubieras hecho, cuando eras mucho más pequeño?"

El niño va donde el abuelo y le pregunta "Abuelito, ¿qué es lo más gracioso que recuerdas de mi cuando era mucho más niño?"

La cara del abuelo de inmediato se transforma: "¡Oh, muchas cosas! Recuerdo una vez que estabas jugando con tu hermanito a la navidad y comenzaron a regar polvo de talco por todas partes pretendiendo que era nieve. Siquiera no me tocó limpiar en esa ocasión", contestó esbozando una sonrisa que pronto se transformó en una sonora carcajada. "Todavía recuerdo la cara de tu madre cuando se encontró con semejante desorden y ustedes dos, completamente blancos de pies a cabeza, fue muy gracioso".

El niño volvió donde su madre. "¿Mamá, escuchaste lo que contestó el abuelo?"

"Así es", le dijo la madre, "Tú, cambiaste el estado de ánimo del abuelo con solo un par de preguntas. Eso, hijo, es Programación Neurolingüística".

Sin duda es una fantástica historia. Comunica perfectamente lo que es posible por medio de la PNL

Todos en el colegio aprendemos cosas maravillosas como historia, algebra y geografía, pero nadie nos enseñó técnicas para sentirnos bien con nosotros mismos y los demás, ni mucho menos técnicas para mejorar nuestras relaciones, o modelar y reproducir el éxito de los demás. Es allí donde la Programación Neurolingüística hace su aparición, puesto que nos permite utilizar nuestro lenguaje y sentidos para influir sobre nuestra mente y nuestro comportamiento, e incluso en la mente y comportamientos de los demás.

Pero más que explicar en qué consiste esto de la PNL, yo creo que lo mejor es experimentarlo de primera mano. Así que le propongo ahora mismo ensayar este pequeño experimento:

Mire hacia arriba, sonría, levante los brazos y trate sentirte triste o deprimido...

Así es, en esa posición, esfúercese por sentirse deprimido...

¡Vamos, inténtelo! Levante la mirada y los brazos, y pruebe a sentirte triste...

Es difícil, ¿no?

Bien, ahora probemos lo contrario:

Baje su cabeza mirando hacia al suelo a su derecha, recoja tus hombros, encoja los brazos, deje de sonreír y ahora trate de sentirse feliz. En este caso resulta difícil evocar esa sensación de alegría, ¿no es así?

La pregunta a hacerse ahora es ¿cuál de esos dos estados mentales le gustó más?, ¿Se da cuenta que usted mismo puedes escoger experimentar dichos estados a voluntad? No es necesario que uno se mantenga todo el día mirando hacia arriba con los brazos extendidos, no... Como veremos más adelante, podemos programar nuestro cerebro para activar ese, y otros estados emocionales que queramos experimentar a voluntad.

Ese simple ejercicio es solo una demostración de cómo un par de cambios en nuestra propia actitud, tienen incidencia inmediata en nuestros estados anímicos, y como así poder cambiarlos a voluntad.

Esta página ha sido dejada en blanco a propósito

Lo Que NO ES La PNL

Cuando se habla de programación neurolingüística, es un hecho que por cada persona a favor de los beneficios de su aplicación, existen dos más dispuestos a criticarla y señalarla como una nueva forma de pseudociencia y estafa contemporánea.

Digo esto con conocimiento de causa porque yo mismo he sido fuerte crítico de quienes promueven las neuro-mentiras. ¿Es la PNL una ilusión, una falsa promesa propia de la nueva era y estafadores del siglo XXI?

Esta discusión puede resolverse por medio de una sola pregunta que a la vez, tiene una sola respuesta: ¿Pueden corroborarse científicamente los beneficios de la PNL?

La respuesta, sencillamente es, no: No pueden corroborarse científicamente los beneficios de la PNL.

¿Son muchas de las afirmaciones hechas en nombre de la PNL una mentira? Sí, lo son.

Hoy día, parece que el agregar el prefijo "*neuro*" a cualquier cosa, termina transformándole en una excelente oportunidad de mercadeo. Es así como se puede encontrar en librerías, y por supuesto en Internet, textos, productos y servicios con títulos como "*Aplique Programación Neurolingüística para seducir a la persona deseada*" o "*Programación Neurolingüística para bajar de peso*", incluso "*PNL para aumentar el tamaño de su pe...*". ¡En fin!, un montón de tonterías, para las que no se necesita ser un genio para reconocer como tales, aunque... aquí entre nos, hay personas convencidas de que dichas "*neuro-tonterías*" en verdad funcionan. Eso no es de extrañarse, uno ve lo que quiere ver...

Pero ese es precisamente el punto: La PNL es el estudio de las experiencias subjetivas y si sirve, aun sin ser corroborado científicamente para esos propósitos subjetivos, ¿por qué no usarla entonces?

Cuando uno comienza a estudiar las presuposiciones o guías de la programación neurolingüística, como veremos más adelante, uno se da cuenta que estas no tienen que ser verificables de manera científica para que podamos sacar provecho de sus beneficios.

Por ejemplo, una de estas presuposiciones, es "*El mapa no es el territorio*", con lo que se quiere decir que cada quien tiene una visión única de su entorno.

Existen unos mapas mejores que otros con más referencias y por lo tanto, mejores opciones. No es necesario demostrar la validez de dicha afirmación, y el aplicar dicha creencia, sin duda mejora nuestra visión de las cosas: Cada persona se mueve por el mundo de acuerdo a su propio mapa. Cuando una persona duda de algo es porque en su mapa no está marcada dicha referencia.

Lo mejor de esto es que poner estas creencias en práctica no resulta ser, de ninguna manera, nocivo para la salud. No puede perjudicarte a ti ni a los tuyos, como sí ofrecerte grandes beneficios, como liberarte y hacerte más consciente de tus sentidos y lo que a través de ellos percibes, y el significado que decides darle a dicha percepción.

La Programación Neurolingüística puede resumirse en: *Si funciona, úsalo, y si no, pues prueba algo diferente.* ¡Así de simple!

Claro que no todas las técnicas de PNL son útiles. Pero pruébalas, ensaya cuales te sirven y enriquécete con ellas. Deshecha lo que no te funcione y mejora aquello que sí. Ese, es el camino que debemos seguir para alcanzar la excelencia.

Ante la duda, simplemente ensaya.

Copiar y aplicar aquello que sea útil, no requiere que sepas exactamente por qué es útil.

Me atrevo a concluir que, si por medio de tus palabras, tus pensamientos o tus acciones logras empoderarte a ti y a los demás entonces estás aplicando programación neurolingüística

En PNL si sirve, se usa, y si no, no y punto.

Los Pilares De La PNL

Comencemos entonces nuestro estudio práctico y ultrarrápido de Programación Neurolingüística: La PNL se sustenta en seis pilares básicos:

Tú Mismo. ¿Cuál es tu estado emocional y cuáles son tus habilidades? Uno mismo es la parte más importante en la aplicación de la PNL. Del mismo modo en que un pintor puede crear una obra maestra o una mancha sin sentido, uno mismo decide CÓMO emplear sus habilidades.

Puede parecer algo egoísta el decir que uno mismo es el centro de la PNL, ¡pero así es! Uno es el centro de su propia experiencia, y si bien no existe una forma 100% garantizada para cambiar a los demás, uno sí puede cambiarse a sí mismo, y con ello incidir sobre los demás.

La PNL nos invita con este pilar, a convertirnos en los únicos responsables de nuestra experiencia y apersonarnos de nuestra vida, apalancándonos en nuestros conocimientos y echando mano de nuestras habilidades.

Las presuposiciones. Estas son simplemente los principios que guían a la Programación neurolingüística. La PNL cuenta con un número de creencias que resultan convenientes de adoptar y practicar. Más adelante profundizaremos en estas presuposiciones. Pero por ahora, piensa en ellas como las reglas bajo las cuales se rige la PNL.

El rapport. Así, es como se le reconoce en la terminología de la PNL a la habilidad de generar empatía y confianza. Este pilar hace énfasis en la calidad de nuestras relaciones. Ganamos rapport o empatía con los demás cuando aprendemos a ver el mundo desde su perspectiva. Cada quien mira el mundo desde su propia ventana, pero... cuando uno logra ponerse los zapatos del otro, y ver desde su ventanita, uno puede entender por qué es exactamente que los demás piensan y actúan como lo hacen.

Piénsalo así: Cuando estamos en una discusión, todos queremos imponer nuestro punto de vista. Cada parte involucrada en dicha discusión buscará la forma de que nos hagamos a su manera de ver el mundo y se defenderá contra toda posición opuesta. Pero... si en vez de insistir en mantener nuestra posición, buscáramos comprender POR

QUÉ la otra persona insiste en la suya, preguntándole algo tan simple como "*¿Qué es necesario para que yo pueda comprender mejor tu punto de vista?*", entenderemos cuales son aquellas cosas que le mueven a pensar y actuar así, y vaya que tendremos una ventaja.

Como veremos más adelante, el rapport es fundamental para la buena comunicación. Quien tiene rapport logra conectar con los demás y por lo tanto ponerlos de su lado. La PNL provee mecanismos para generar esta empatía la cual con el tiempo se convierte en confianza. Y la confianza... es la base de toda buena relación.

Los logros. Definir y alcanzar tus objetivos. Si uno no sabe para dónde va, menos sabrá qué camino tomar. La PNL es enfática en cuanto a que debemos ser extremadamente claros al momento de definir lo que queremos alcanzar para nosotros.

Básicamente la PNL busca que actuemos y pensemos siempre en pos de nuestros propósitos, y aquí, es necesario diferenciar entre tres conceptos, **los objetivos, las tareas y los logros**: Un objetivo es lo que queremos conseguir, una tarea es lo que haremos para conseguirlo, y un logro es cuando lo hemos conseguido.

Cuando uno piensa en términos de consecución de objetivos tal y como lo promueve este pilar, es fundamental plantearse tres preguntas:

¿Dónde estoy ahora? Reconocer la situación actual propia.

¿Dónde quiero estar? Reconocer qué situación es la que queremos y cuál es esa experiencia que consideramos como óptima.

¿Cómo llegar de aquí a allá? Plantear la estrategia que vamos a seguir, utilizando los recursos que tenemos o creando nuevos para poder apalancarnos en ellos.

En mi libro **PIENSA PODEROSAMENTE**, hacia énfasis en como la mejor estrategia ES la que se puede hacer. Muchas personas hacen planes que se soportan sobre personas, lugares, momentos y promesas que están absolutamente fuera de su control. Hacerlo es un error. De nuevo, la mejor estrategia ES la que se puede hacer, y es por eso mismo que resulta tan necesario ser claro frente a este cuarto pilar de la PNL sobre logros y objetivos y sus tres preguntas. Siempre pregúntese: ¿Dónde estoy ahora, a dónde quiero llegar y qué voy a hacer para lograrlo? Lanzarle esas preguntas a nuestro cerebro, es ponerlo a funcionar para que nos proporcione respuestas. ¿Cómo puedo emplear los recursos con que cuento para acercarme más a aquello que quiero?

Pensar es una habilidad que muchos no quieren darse cuenta que tienen y por lo tanto, no saben cómo explotarla...

La retroalimentación: Cuando quieres algo y estás trabajando por conseguirlo, ¿Cómo vas a saber que lo estas obteniendo? Solo sí existe una forma de saber que estás acercándote a lo que quieres u obteniendo o no resultados es que puedes entrar a actuar. ¿A qué le prestas atención y qué tan útil es la retroalimentación que recibes? ¿Cómo te estás informando de tus avances? Aquí, juegan un papel fundamental nuestros sentidos, pues son ellos los que nos permiten interactuar con el mundo. Este quinto pilar básicamente nos invita a ser más conscientes a nivel sensorial y por lo tanto a prestar más atención a nuestros sentidos y emociones, y a la información que estos nos proporcionan.

¿Qué ves, qué sientes y cómo son las cosas? ¿Esto te hace sentir mejor o no? ¿Te gusta algo o no te gusta?

Le propongo un pequeño ejercicio: Imagine que usted es un alienígena que acaba de llegar al planeta tierra y alguien le ofrece una naranja. ¿Cuáles son sus sensaciones al momento de degustar la fruta por primera vez? Usted se asombra con su color naranja, pues es la primera vez que lo ve. El sabor agrio y dulce es la primera vez que recorre sus papilas gustativas. El aroma fresco se adentra en sus fosas nasales. Sus dedos palpan la cáscara y sienten el jugoso líquido derramarse entre sus dedos.

¿Cómo se sentiría probar una naranja por primera vez? Piénselo por unos segundos. Algo tan simple puede resultar absolutamente fascinante y revelador, pues es como darse cuenta de la maravilla de nuestros sentidos y cómo solemos darlos por sentado...

La mayoría de personas se pasan dormidos en vida. Y hace rato dejaron de prestar atención a sus sentidos. Pero usted y yo, como personas que queremos echar mano de la PNL, sabemos bien que los sentidos son para aprovecharlos.

La consciencia sensorial no solo sirve para ver el mundo con mayor nitidez, sino para saber si algo nos hace sentir mejor o no y por lo tanto, obtener retroalimentación instantánea. ¡Nunca estará de más sentir de más!

La Flexibilidad. Si lo que estás haciendo no está funcionando, entonces... ¡prueba otra cosa!

Saber lo que uno quiere y buscar más formas para lograrlo no puede sino aumentar nuestra posibilidad de conseguirlo. Se dice que la locura consiste en buscar obtener un resultado diferente haciendo lo mismo siempre. ¿Cómo no va a ser eso el estar uno loco: Hacer lo mismo y esperar obtener resultados distintos? ¿A quién se le ocurre hacer semejante tontería? La respuesta es, por dolorosa que suene, a todos nosotros.

¿Cuántos insistimos en la testarudez por no querer siquiera ensayar algo diferente?

¿Y qué tal que eso diferente sí funcionara? ¿Qué tal que al probarlo nos sorprendamos y sí resulte? ¿Qué tal que uno descubra algo que por miedo, pereza o sencillamente falta de flexibilidad termine produciendo un resultado increíble?

Este sexto pilar es entonces una invitación a abrirse a las diferentes posibilidades, ponerlas en marcha, ver que funciona y que no, y probar otras cosas con el fin de mejorar siempre nuestros resultados.

Esos son entonces los 6 pilares de la PNL. Nuestro cerebro tiene todos los recursos para hacerle frente a cualquier situación. Y con un poco de PNL vamos a proporcionarle algo de "combustible puro" –por así decirlo–, a nuestra manera de pensar para potenciar nuestros resultados y la capacidad de aprovechamiento de nuestros recursos en pos de comunicarnos, actuar e incidir sobre el mundo que nos rodea para nuestro propio bien, y el de los demás.

Esta página se ha dejado en blanco a propósito

Las Presuposiciones De La PNL

El segundo pilar de la PNL hace referencia a unas guías o creencias denominadas presuposiciones. Básicamente estas son las reglas sobre las que se soporta el modelo de la programación neurolingüística.

Lo más interesante es que estas reglas o principios no necesitan ser científicamente comprobados. El solo actuar como si estas presuposiciones fuesen verdaderas, nos permitirá sacar la máxima ventaja posible de la programación neurolingüística como tecnología de empoderamiento.

Ahora, esto no es creer a ciegas. Pero préstele atención a estas presuposiciones y usted mismo concluya si requieren de algún sustento científico para aprovecharlas...

Comencemos:

1. El Mapa No Es El Territorio.

Esta, es la MÁS importante de las presuposiciones. Imagina por un segundo que has sido tomado prisionero sin saber por quién, y como prisionero te han encadenado dentro de una cueva de manera que solo puedes ver una pared. Al estar encadenado no puedes moverte y tu visión se limita a una pared de piedra al frente tuyo. Cuando abres los ojos, te das cuenta que sobre esta pared se proyectan unas sombras por el destello que emite un fuego distante. Esas son las únicas formas que puedes ver, sombras formadas por el destello de un fuego que no sabes de donde proviene, un fuego en la distancia que proyecta sombras en la pared. Si bien ves formas y figuras que tratas de comprender. ¿Cómo sabes exactamente qué es lo que se está reflejando verdaderamente sobre esa pared? ¿Cómo sabes que esa sombra que parece ser de un hombre es realmente la de un hombre al frente del fuego en la distancia? ¿cómo sabes a que corresponden exactamente esas sombras?

Este ejercicio es conocido como la **Alegoría de la Cueva**, y fue planteada por el filósofo Platón, y es una forma de explicar que somos prisioneros de nuestros sentidos y apenas podemos ver una difusa sombra reflejada sobre la pared de la realidad que nos rodea y entreverla bajo la poca luz de nuestro conocimiento.

Cada segundo de nuestras vidas, millones de datos de información están bombardeando nuestros sentidos, y de todos esos datos solo un máximo de nueve logran ser registrados conscientemente cada segundo por nuestra mente.

La PNL dice entonces con esta presuposición, que no podemos saber cómo es el mundo realmente, porque cada dato de información que recibimos termina siendo filtrado de manera consciente e inconsciente para luego convertirse en una creencia, un valor o un estado. En otras palabras, solo podemos ver la sombra reflejada en la pared, jamás vemos el panorama completo y es bajo nuestras suposiciones, que vemos lo que creemos ver.

Dado que cada persona experimenta el mundo de manera diferente, decimos que el mapa no es el territorio. Yo, tengo una experiencia completamente diferente de la realidad que tú, y eso no tiene que ver con cual de nuestras realidades es más verdadera, como sí, cuál de esas dos realidades es más útil en un momento determinado.

¿Cómo podemos sacar provecho de esto? Cuando uno presupone que el mapa no es el territorio, uno se da cuenta que nuestras creencias no siempre reflejan la realidad de manera certera. El que creas que algo sea cierto, no implica que en realidad lo sea. Solo porque creas en Santa Claus, este no es real.

El punto es que la realidad es subjetiva. Nuestros sentidos, creencias y experiencias pasadas nos dibujan un mapa del mundo en el que nos desenvolvemos, pero dicho mundo, jamás estará completo. El Mapa NO ES el territorio: La gente responde a sus experiencias, no a la realidad en sí misma.

Algunos mapas son mejores que otros para definir una ruta. Si un mapa está incompleto o incorrecto corremos el riesgo de perdernos o dar vueltas en círculo. La Programación Neurolingüística es el arte de pulir estos mapas con el fin de contar con más libertad de acción.

2. Tener Una Opción Es Mejor Que No Tener Ninguna.

¿Cuál es el mejor de los mapas? Pues el que detalla más lugares. Esto es, el que nos proporciona más opciones.

Procura siempre aumentar tus opciones. A más opciones mayor libertad. A más opciones, mayor capacidad de ejercer influencia sobre los demás.

Richard Bandler y John Grinder, quienes son considerados los padres de la programación neurolingüística, nos dicen que para sobresalir en cualquier campo de acción, no existe nada mejor que la flexibilidad de contar con múltiples opciones. Recuerda esta frase: "*Si sólo cuentas con una opción, eres un robot; si cuentas con dos opciones, estás en un dilema. Sólo con tres, o más opciones es posible ser flexible".*

3. Las Personas Toman Su Mejor Decisión Siempre.

Todo comportamiento tiene una intención positiva. La gente hace lo mejor que puede usando el mapa que tienen. Nadie se levanta decidido a equivocarse, ninguna persona es su conducta, y es necesario distinguir entre intención y conducta en sí. Una conducta nos parece negativa solo porque no conocemos el propósito de la persona que la lleva a cabo. En nuestro mapa no entendemos dicha referencia o creemos que lleva a un lugar equivocado. Pero si le das una mejor opción a esa persona, una que se ajuste a sus propósitos y le proporciones mejores resultados, sin duda la tomará.

4. Todos Funcionamos A La Perfección.

No hay nadie roto ni imperfecto. Todos ejecutamos nuestras estrategias perfectamente. El problema es que a veces estas estrategias están pobremente diseñadas o resultan ser ineficientes.

Todos contamos con los recursos adecuados para cambiar y actuar efectivamente. A lo largo de nuestra historia personal hemos acumulado experiencias de las que podemos extraer recursos para desarrollarnos y afrontar cualquier circunstancia que se nos presente. Encuentra como es que operas, y cómo es que operan los demás y así podrás encontrar estrategias más útiles y deseables para tu día a día.

5. Toda Acción Tiene Un Propósito.

Todas nuestras acciones siempre buscan obtener algo. Ninguna de ellas es aleatoria. Todas nuestras acciones tienen un propósito aun cuando a veces no estemos seguros de cuál sea.

Sin embargo, toda decisión que tome cualquier ser humano siempre obedecerá a una de dos intenciones: **Evitar el dolor, o experimentar placer**. Para comprender una acción bajo la perspectiva de los demás, es entonces necesario preguntarse *¿Qué dolor está tratando de evitar? y/o ¿Qué recompensa o placer busca conseguir?*

Nadie da puntada sin dedal. Pero no mires esta afirmación como algo negativo, o como una forma de mantenerte a la defensiva, sino más bien como una oportunidad para comprender que el mundo de cada quien, gira alrededor de cada quien. Sufres cuando crees que eres el centro de los demás, pues es allí cuando te victimizas frente a quienes te rodean.

6. Es Imposible No Comunicar.

Obtenemos respuestas de acuerdo a lo que comunicamos. Debemos ajustar y afinar nuestra comunicación con el fin de obtener la respuesta que deseamos. No existen fallas en la comunicación, solo respuestas y retroalimentación. Si no estás obteniendo la respuesta que quieres, asumir que el problema es de tu receptor es fácil, pero si te haces responsable de tu comunicación, cambiarás tu mensaje y lo que estás haciendo. No lo olvides: solo hay respuestas y retroalimentación. El asunto es, ¿qué puedes hacer con esas respuestas que recibes, y como puedes cambiar tu mensaje para obtener la respuesta que quieres?

7. Si Es Posible Para Alguien, Es Posible Para Todos.

Si alguien tiene la capacidad de hacer algo, es posible aprender de él y extraer el modelo y las estrategias que fundamentan dicha capacidad, copiarlas e implementarlas en otras personas. No te conviertes en un clon de quien admiras o de quien tiene una capacidad que te gustaría poseer. Pero sí aprendes de él.

El modelar un comportamiento y copiarlo, es el camino a la excelencia. Copia lo que hacen las personas que admiras y podrás obtener resultados similares en tu propio contexto. ¿A quién admiras?

¿Por qué?, ¿Qué puedes aplicar en tu vida del comportamiento de dicha persona?, ¿Quién es tu modelo a seguir? Y... al momento de enfrentar alguna crisis o alguna decisión difícil, ¿Cómo lo haría dicha persona?

8. Si Quieres Entender Algo, Hazlo.

Existen tres formas de aprender: **estudiando** -como usted lo está haciendo en este instante-, **observando** a quien está haciendo lo que queremos aprender para copiarlo; y **haciendo**, ensuciarnos las manos echando manos a la obra.

De esas tres maneras de aprendizaje, el hacer, siempre será la más poderosa. Experimentar en primera persona, proporciona el mayor aprendizaje posible. Tus sentidos, emociones y pensamientos buscan coordinarse y generar nuevas conexiones en tu cerebro para fundamentar ese nuevo conocimiento. ¡Hacer, es aprender! Si quieres convertirte en un maestro en cualquier tipo de tarea en tiempo récord. Busca siempre como ensuciarte las manos directamente: echa manos a la obra.

9. Somos Dueños De Nuestras Experiencias.

El emperador romano Marco Aurelio dijo alguna vez que *"si te sientes angustiado por cualquier cosa externa, el dolor no se debe a la cosa en sí, sino a tu propia estimación sobre ella. Es así como tienes el poder de eliminarlo en cualquier momento".* ¡Vaya frase esa! Eres el dueño del significado que le das a las cosas. Decides en que centrar tu atención y decides que hacer para conseguir algo.

Aldous Huxley el escrito británico autor de UN MUNDO FELIZ entre otras obras, dijo alguna vez que *"La experiencia no es lo que le sucede al hombre, sino lo que ese hombre hace con lo que le sucede".* Somos dueños, sin duda, de nuestras experiencias.

10. Si No Funciona, Haz Otra Cosa.

En mis charlas y talleres me gusta decir que los errores no existen, y no se trata de ningún cliché motivacional. Si tomamos en cuenta aquello de que solo hay respuestas y retroalimentación, podemos decir entonces que un error solo lo es, si no sacamos provecho de este para intentar algo diferente.

Ningún intento fallido es un error, como si un descubrimiento de una forma más de cómo no lograr nuestro objetivo. Piensa en Thomas Alba Edisson el inventor, entre otras cosas, de la bombilla, de quien se dice creo más de mil prototipos antes de dar con la que finalmente funcionó. Al ser preguntado al respecto sobre sus 999 fracasos anteriores, Edisson explicó que no se trataron de fracasos como tal, sino de 999 maneras diferentes de cómo no hacer una bombilla.

Esas son entonces nuestras 10 presuposiciones.

Ahora, dependiendo del texto, escuela o coach al que acudas para conocer algo sobre programación neurolingüística, verás que cada uno varía en el número y forma de estas guías. Estas en sí, jamás han sido estandarizadas, pero no por eso son menos útiles.

En este caso, he querido resumirlas en 10 nada más. 10 presuposiciones que vale la pena tener presente constantemente para cuando queramos obtener, comunicar, aprender algo, e interactuar con el mundo.

Operando Su Panel De Control Mental

Usted, es el comandante de una avanzada nave espacial. Esta nave, avanza cada segundo a través de la infinidad del universo que le rodea. Algunas veces enfrentando duras pruebas como lluvias de meteoritos y tormentas de radiación, y otras, viviendo experiencias maravillosas en planetas nuevos y totalmente diferentes.

Pero lo más interesante de esta nave espacial, es su panel de control: La computadora con que cuenta a bordo para viajar a través del Universo.

Obviamente, le estoy hablando en sentido figurado. La nave, es usted mismo; El viaje, es su propia vida; Las lluvias de meteoritos y tormentas radioactivas son sus experiencias negativas, y esos planetas y lugares maravillosos son sus experiencias positivas.

Pero en lo que no hay nada de figurado, es en ese poderoso panel de control. Su computadora personal para procesar este entorno y llevarse por la vida.

Este panel de control del que le hablo está lleno de botones, obturadores y opciones que usted puede controlar para modificar la manera en que percibe sus experiencias. Estos controles, son las **submodalidades** de la PNL. Piensa en ellas como opciones para alterar qué tan intensa es una memoria, qué tan vívidos son sus colores, qué tanto volumen tienen los sonidos en dicho recuerdo, o qué tan lejos o cerca está la experiencia de ti.

Este panel de control cuenta con una gigantesca pantalla. Es como si tuvieras una sala de cine solo para ti, y al frente tuyo están dispuestos todos los controles para administrar como se reproduce la experiencia en dicho teatro mental.

Para la mayoría de nosotros, la forma como representamos nuestros pensamientos y memorias en nuestra mente impacta directamente en la forma como nos sentimos. Si piensas en una imagen tuya de algún momento donde tuviste éxito, te sientes bien. Si piensas en algo que te asuste o produzca miedo, puede que te sientas mal.

Es poco sabido que uno mismo puede cambiar el impacto de sus diferentes pensamientos y memorias. Esto es, puedes hacer que aquellos buenos recuerdos se hagan mejores, más grandes, más brillantes, más intensos y más poderosos, de manera que toda vez que pienses en ellos y los evoques, recibas una dosis automática de confianza en ti mismo y te sientas genial.

Por otro lado, también puedes tomar esas memorias no tan agradables y empequeñecerlas, aminorarlas, decolorarlas, silenciarlas, hacerlas débiles, pálidas, y así quitarles poder y sentirte mejor en el proceso.

Emplear las submodalidades de la PNL es una de las más fáciles y poderosas técnicas para jugar y experimentar. Sus resultados pueden ser inmediatos y toman solo un par de minutos por recuerdo o experiencia que quieras reconfigurar, así que bien vale la pena usarlas y ponerlas en práctica.

Comencemos entonces a reconocer este poderoso panel de control y todos estos controles denominados submodalidades con que cuentas al frente tuyo. Estos controles son de tres tipos:

1. Submodalidades Visuales:

Son los elementos que te permiten controlar los aspectos visuales de tus recuerdos. Cuando pensamos en algún recuerdo, solemos ver una imagen o película de alguna clase. Si te pregunto ¿qué hiciste el fin de semana pasado?, seguramente una o más imágenes comenzarán a cruzar tu mente. Es muy probable que esta sea la primera vez que te pones a detallar dichas imágenes, pero con un poco de esfuerzo consciente, podemos hacer cosas bastante interesantes.

Por ejemplo, hagamos un experimento para probar estos controles: Busca una memoria específica, tal vez lo que hiciste el pasado viernes, o mejor, busca en tu archivo mental alguno de tus recuerdos favoritos.

Una vez tengas un recuerdo, cierra los ojos y recréalo en tu mente.

Ahora juguemos con el **TAMAÑO** de la imagen. Primero, vamos a aumentar el tamaño de esta, haremos esta imagen grande, muy grande. Convierte la imagen en una de tamaño real y luego más grande aún. Mira dicha imagen en todo su detalle y hazla gigantesca creciéndola hasta llegar al cielo. En verdad agranda esa imagen en tu mente como lo más grande que hayas visto en tu vida. Llévala a crecer al mismo tamaño de un planeta o por qué no, de la galaxia misma. Diviértete estirando y agrandando esta imagen, y apréciala en todo su esplendor.

Ahora, vamos a reducirla. Ve reduciéndola gradualmente y cada vez con más velocidad, hazla más y más pequeña hasta que vuelva a su tamaño original y luego, imagínate reduciéndola aún más. Llévale al tamaño de una hoja de papel, síguela reduciendo y ahora hazla del tamaño de una postal, luego de una estampilla, y luego se empequeñece hasta ser del tamaño de un grano de arroz, ahora es un grano de arena... un átomo, es un protón. Es ínfima, diminuta, invisible. Ahora, trae la imagen a su tamaño real nuevamente.

Para la mayoría de personas el jugar con un recuerdo cambiando su tamaño incide en su impacto haciéndolo más o menos intenso. Así que si te sentiste mejor recordando en un tamaño gigantesco y luego pudiste controlar o reducir la intensidad al momento de reducir la imagen, eres receptivo a esta **submodalidad del tamaño**, y puedes usar este control de tamaño para potenciar tus mejores memorias haciéndolas grandes e inmensas, o reducir el efecto de aquellos malos recuerdos haciéndolos pequeños e insignificantes.

Ahora juguemos con las submodalidades visuales del **brillo, color y distancia**. Nuevamente, toma algún recuerdo y visualízalo, y comienza a hacerlo brillante, muy brillante. Nota todos los detalles conforme se hace más claro y más vívido. Enriquece los colores de esa imagen haciéndolos nítidos; pinta tu recuerdo con hermosos colores de la más genial de las pinturas. Cuando dicha imagen esté enriquecida, comienza a acercarla hacia ti, a verla más y más cerca, permítele a dicha imagen absorberte, tragarte, fundirte y entrar en ella...

Ahora, quiero que comiences a eliminar gradualmente los colores de la imagen. Comienza a hacerla gris y luego solo blanca y negra. Fíjate como los colores se van desvaneciendo por completo. Ahora desenfoca un poco la imagen, haciéndola borrosa. Es borrosa y de color blanco y negro, con lo que resulta algo compleja de distinguir. Ahora, dale vuelta, ponla al revés, invierte dicha imagen y comienza a alejarla de ti, lleva dicha imagen lejos en la distancia, imagínate convirtiéndola en una mancha borrosa blanca y negra en la distancia. Ese recuerdo allá lejos y visualmente alterado al punto de ser un borrón irreconocible.

Nuevamente, vuelve a la imagen original y sin alteración de tu recuerdo con que comenzaste.

¿Notaste alguna diferencia?

Para la mayoría de personas, mientras **más brillante, cercana y nítida** dicha imagen, mayor impacto puede lograr. Igualmente, el hacerla **borrosa, descolorida y alterar su posición y llevarla a lo lejos**, reduce su impacto.

Toma nota de estos resultados para que puedas usarlos más tarde en tus propias experiencias y prácticas. Fíjate bien qué tal te va con cada una de estas submodalidades visuales. Existen otras submodalidades con que también puedes jugar como ver la imagen en primera persona o verla como si fueras un agente externo. Por lo general ver las imágenes en primera persona las hace más impactantes. Puedes considerar a las submodalidades visuales como filtros que puedes aplicar a tus recuerdos. Seguramente cuentas en tu teléfono móvil con alguna aplicación de fotografía como Instagram o alguna otra red social, pues bien, todos esos diferentes efectos que puedes aplicar a tus fotografías digitales, puedes considerarlos como submodalidades visuales aplicables a tus recuerdos mentales. Solo imagina como se ven tus recuerdos y que sientes frente a ellos, cada vez que imaginas aplicarles algún filtro.

2. Submodalidades Auditivas.

Muchas personas, cuando recuerdan algo, tienden también a recordar algún tipo de sonidos. Tal vez te dijeron algo y recuerdas dichas palabras pronunciadas por su emisor. Las submodalidades también permiten alterar tus recuerdos de manera auditiva.

Del mismo modo que con la submodalidades visuales contabas con filtros para alterar la imagen, estas submodalidades auditivas permiten alterar el sonido de tus recuerdos. Una de las más útiles de estas submodalidades es el tono.

La gran mayoría de personas, hemos hecho de nuestra voz interna nuestro peor crítico. Al punto de ser crueles con nosotros mismos, implacables, exigentes y extremadamente negativos con frases del tipo "*Esto no es suficiente*", o diciéndonos que no somos buenos en una u otra cosa.

Pero, la PNL puede entrar a jugar aquí y alterar los resultados, ya que gracias a ella es posible restarle poder a dicha voz cambiándole su tono.

Toma el recuerdo de una voz crítica, algo que tu o alguien más te hayas dicho que no te haya gustado e imagínate alterar el tono de dicha voz, volviéndola aguda, y cómica, llévala casi que a "pitar", como si se tratara de una caricatura, imagina como pierde total seriedad al irse subiendo el tono y volver dicha voz en un agudo pitido, casi como de un pajarito...

Ahora comienza a rebajar el tono de voz y revertir el proceso volviéndola más y más grave, volviéndola densa, lenta, una voz sumamente grave, ¿qué efecto tiene ahora el sonido sobre ti?

Volvamos esa voz a su sonido inicial y sin alteración, y vuelve a escucharlo pero ahora juguemos con su **volumen**.

Nota cómo, mientras más volumen le pones, y más dura hagas la voz esta adquiere más impacto tiene sobre ti. ¡Ah! Pero tienes un control fantástico a tu lado, un botón de MUTE O SILENCIAR, que como el botón del control remoto de tu televisor puedes pulsarlo ahora para silenciar por completo esa voz. ¡Así es! Ahora solo ves la mímica de la imagen en completo silencio, como si fuera una película muda. Ese es el impacto de las submodalidades auditivas.

3. Submodalidades Kinestésicas.

Estas son las sensaciones y emociones que uno asocia con sus recuerdos, y... aunque esto puede sonar un poco nueva era, si eres una persona kinestésica -alguien que suele decir *"siento esto o aquello"* con frecuencia al hablar-, vale la pena jugar con estas submodalidades.

Nuevamente evoca una memoria, y trata de recrear sus sensaciones. Experimenta a nivel corporal cómo te sentiste. Tal vez sentías frío o calor. ¿Qué hay en esa memoria que puedas tocar y cuáles son las texturas de dicho recuerdo? ¿Qué pasa si vuelves frío lo caliente en esa imagen? Puede que estas submodalidades sean un poco más complicadas o no tengan el impacto que suelen tener las visuales o auditivas, pero dependiendo de tu forma de percibir el mundo, estos controles también pueden serte útiles.

Contamos con solo cinco sentidos, que constituyen nuestro sistema representacional. Obviamente también existen submodalidades gustativas y olfativas, pero las visuales y auditivas, son las más fáciles de trabajar.

Podemos describir una imagen como clara u oscura, pálida o colorida; podemos describir un sonido cono agudo o grave, lejano o cercano, duro o suave.

Podemos describir algo que toquemos como suave o rugoso, caliente o frío, etc.

La mayoría de personas suelen ser de carácter visual, auditivo o kinestésico. Esto es, su sentido de la vista, del oído o del tacto es predominante. Distinguir esto es fácil, y como verás más adelante cuando hablemos del Rapport o empatía en PNL, te darás cuenta qué tan sencillo es reconocer cuales submodalidades son dominantes en cualquier persona, para comunicarte de una manera más efectiva con ella.

Jugar con nuestras memorias y potenciarlas o reducirlas por medio de submodalidades es algo que solo toma unos cuantos minutos y puede tener un impacto inmediato en nuestra vida. A continuación aplicaremos esta poderosa herramienta con una técnica sencilla para cambiar y mejorar nuestros recuerdos.

Aprende A Transformar Tus Recuerdos

Como seres humanos, somos unas verdaderas máquinas de generar significado.

El significado de toda nueva experiencia siempre es asumido bajo nuestras experiencias pasadas. Y esto, desafortunadamente, suele ponernos en una posición de víctimas: Observamos el mundo creyendo que este quiere conspirar contra nosotros...

Aclaro lo anterior con algunos ejemplos:

Imagina a una mujer que le pide a su marido que de camino a casa desde el trabajo, se detenga a conseguir algo que necesitan del supermercado. Cuando el esposo llega, este dice que lo olvidó. La mujer entonces concluye que su marido "*no le ayuda en nada*" y llega a decir frases como "*todo lo tengo que hacer yo*" para señalar su descontento.

Otro ejemplo, es la persona que no ha llegado aún a una cita contigo, y tu mente comienza a decirse cosas cómo *"¿Por qué nadie respeta mi tiempo?"* o *"¿Por qué siempre me quieren dejar plantado?"*.

Asumimos basados más en lo malo de nuestras experiencias pasadas, que en lo bueno que puedan resultar las nuevas posibilidades. Y es allí cuando los prejuicios, la crítica, los complejos y hacen su aparición, llevándonos a concluir que el mundo quiere aprovecharse de nosotros, y generando resentimiento.

¿Por qué la mujer no podría aceptar que tal vez es cierto lo que a su marido simplemente se le olvidó?

¿Por qué consideramos que la gente siempre quiere dejarnos plantados?

¿Por qué estamos tan seguros de que todo el mundo está en contra nuestra?

Incluso hoy día, con la llegada de las redes sociales, un comentario ligero en Facebook o Twitter puede desencadenar un gran malentendido. Somos expertos en crear significado, sin importar lo banal que sea la experiencia.

Es cierto que cosas malas nos han pasado: nos han roto el corazón, han abusado de nuestra confianza y hemos vivido otro montón de cosas desagradables, pero la verdad es que el mundo no es tan oscuro como parece, y para ver la luz, hay que comenzar por iluminárselo uno mismo.

Obviamente esto resulta más fácil de decir que hacer, pero la PNL está aquí para ayudarnos, y es así como esta ha tomado prestada una técnica bastante útil de la sicología: **El Reframing**, también conocida como **Técnica De Resignificación**: La capacidad de dar un nuevo significado a las cosas. ¿Qué tipo de significado? Un significado que en vez de hacernos sentir amargados, frustrados o bloqueados, nos permita levantarnos, ser positivos e insistir en avanzar. ¡Un significado que permita empoderarnos!

Piensa en esto como *"Si la vida te la limones... aprende a hacer limonada"*.

En PNL, hablamos de dos 2 tipos de reframing o resignificación para darle nuevo significado a las cosas: **La Resignificación De Contenido**, y **La Resignificación De Contexto**. Mirémoslos en detalle:

1. Resignificación De Contenido:

Busca darle nuevo significado a la experiencia. Todo significado es determinado por aquellos elementos en los que decidimos centrar nuestra atención. Nuestra vida está en aquello en lo cual nos enfocamos, y por lo tanto cualquier situación puede tener significados buenos o malos, dependiendo de cómo lo miremos.

¿Cómo podemos encontrar un significado positivo en algo que consideramos molesto? La respuesta está en cambiar las preguntas que nos hacemos.

Ante una situación desagradable, en vez de preguntarte *"¿Por qué a mí?"*, considera preguntar *"¿Qué más puede significar esto? ¿De qué manera puedo aprender o sacar algún provecho de esto?"*. Si echamos mano de aquella presuposición de la PNL que dice que **Todo Comportamiento Tiene Una Intención Positiva**, estas preguntas resultan ser justamente una invitación a nuestra mente a esforzarse por encontrar algo que podamos considerar valioso frente a esa situación. Toda historia tiene dos lados, ¿cuál es el que estamos mirando? Eso es resignificación de contenido: Lo que observo, cómo más puede apreciarse.

2. Resignificación De Contexto:

Casi todo comportamiento es útil en el contexto adecuado. La resignificación de contexto busca cambiar el contexto en que experimentamos lo que observamos.

Como personas nos topamos con muchos individuos cuyos comportamientos pueden resultarnos incómodos. Por ejemplo, usted conoce a alguien que suele contestarle siempre con de mala gana toda vez que usted le hace una pregunta. ¿Qué hacer frente a eso? Tal vez, si aplicáramos una resignificación de contenido podríamos llegar a la conclusión de que lo hace por algún tipo de resentimiento personal o proyección hacia los demás. Pero, si hiciéramos más bien una resignificación de contexto, encontraríamos algo más práctico... Para esto también hay que hacerse una pregunta más adecuada, y es: *"¿En qué contexto puede esto serme útil?"*

¿Por qué no considerar que esa persona que siempre nos está contestando con cuatro piedras en la mano, es una excelente oportunidad para generar preguntas con un toque sarcástico, cómico e inteligente? ¡Eso suena interesante! Ver la situación como un juego: Ya sé que dicha persona no me va a contestar de la manera que quiero, ¿pero qué tal si asumo la situación como si estuviera en una competencia donde debo buscar responder con un comentario inteligente?

Esto es una oportunidad fantástica para practicar una habilidad que la gente no parece tener muy en cuenta: El humor negro y fino es una gran característica de inteligencia. He aquí un individuo que siempre me ofrece un reto para yo poder aprender de la situación...

Esta forma de resignificación es además sumamente útil cuando de proyectos se trata. En mis charlas de creatividad insisto en que no hay malas ideas, solo contextos diferentes. Toda idea es útil en el contexto adecuado. Algo que hoy se considera una falla o que tal vez no funcione, en otro momento o contexto es susceptible de éxito, y por lo tanto, no debe desecharse.

El reframing o resignificación nos permite buscar algo bueno en cualquier situación en vez de caer víctima de las circunstancias, y ganar algo de control para sacar algo útil. Veamos algunos ejemplos:

Si estoy atascado en el tráfico y voy tarde para una cita, ¿Cómo puedo usar esta situación a mi favor? Podría relajarme y escuchar música, o estudiar el comportamiento de otros conductores, o ver figuras en las nubes, o ensayar mentalmente para un evento próximo.

Si tu mejor amigo decidió no salir contigo, ¿Qué tal invitar a alguien totalmente nuevo y sorprenderle con la invitación? ¿Qué tal hacer de este, un día para aprovechar solo y hacer cosas que tienes pendientes como abrir ese libro al que querías dedicarle algo de tiempo, u organizar el desorden que de hace rato te tiene algo molesto? Te aseguro que al final del día te sentirás mejor que nunca.

Si se acabó tu relación de pareja, claro que puedes sentirte mal contigo y furioso con esa persona. Pero ¿por qué no aprovechar este tiempo como una oportunidad? Eres libre de reaprender, de hacerte un cambio extremo, ponerte a dieta o ejercitarte, aprender cosas, conocer gente nueva, darle un poco más de atención a tu carrera y proyectos personales.

Hay quienes se preguntan si esta forma de resignificación es una negación de la realidad. La respuesta es, no. No estás negando nada, por el contrario estas aceptando tus circunstancias pero no te quedas en ellas, les estás diciendo de frente: "*Aunque preferiría otra realidad que se ajustara a mis planes, escojo encontrar algo que me sea útil en esta situación*", repítete esa frase un par de veces, y fíjate como el control regresa a ti.

El reframing, es el arte de escoger conscientemente nuestras respuestas y no engancharse en arrepentimientos ni resentimientos. Toma práctica, pero vaya que es liberador.

En este mundo donde lo más sencillo es hacerse víctima de las circunstancias, puedes salirte del molde y empoderarte siempre que decides encontrar una alternativa. Y créeme: hay más de una. Ninguna es mejor o peor que la que tenías planeada: Solo son diferentes...

A continuación, te planteo un sencillísimo ejercicio que emplea el poder de las submodalidades para resignificar recuerdos en nuestra mente.

Para ejecutarlo, te recomiendo que busques un lugar tranquilo donde nadie te interrumpa y puedas tomarte un par de minutos jugando con tu imaginación.

Comencemos...

Una Técnica Para Destruir Sus Miedos Y Transformar Sus Recuerdos

Esta técnica que voy a explicarse se denomina "ver la película al revés" y es considerada una de las más poderosas de la PNL.

Busca en sus recuerdos alguna memoria o recuerdo incómodo.

Algún momento que hayas experimentado y que no te haya gustado el resultado que obtuviste o sentiste.

Por ejemplo, tal vez tienes miedo a los caballos porque alguna vez te caíste de uno.

Escoge un momento no muy agradable, que te gustaría hubiese sido diferente, uno de esos incidentes que tú crees que te marcaron de alguna manera negativa y obsérvalo en tu teatro mental.

Recréalo en ese cine que tienes para ti de tu panel de control, en donde cuentas con los múltiples controles de tus submodalidades.

Conforme ves y recuerdas estos momentos allí, toma nota de las sensaciones que hacen su aparición. Hazte consciente de todas tus sensaciones, de tu pulso, de tus pensamientos, de tu respiración.

Mira la película de ese momento de manera clara y de principio a fin.

Voy a darte unos segundos para que recrees dicha experiencia mentalmente...

Bien, ahora vamos a ver la película al revés. Desde el final hacia el principio.

Ubícate al final de la película e imagina que activas la opción de verla empezando al final y regresando hacia adelante. La película se mueve rápidamente, como cuando presionas el botón de retroceder mientras ves una película en un reproductor de video.

Además la película se reversa rápidamente, las voces suenan agudas reversándose, esto se hace muy, muy rápido. El tiempo se va hacia atrás de manera rápida y los sonidos son caricaturescos a esa velocidad y yendo hacia atrás.

Vuélvelo a hacer, vuelve a repetir el ejercicio.

Ubícate al final de la película y vuélvela a ver muy rápidamente desde el fin hacia el comienzo. Mira cómo las personas involucradas en ese recuerdo se mueven de manera cómica caminando al revés, con su pelo moviéndose al revés, hablando al revés, todos sus gestos van al revés. Y se mueven, rápido, muy rápido mientras reversas dicha película.

Hagámoslo una vez más...

De nuevo ubícate al final de la película y revérsala rápidamente viendo todo yendo al revés. Rápidamente todo va de adelante hacia atrás.

Perfecto...

Ahora probemos el resultado. Prueba a ver la película otra vez de manera normal. Desde el comienzo y toma nota nuevamente de tus sentimientos.

Para la mayoría, los pensamientos de tipo incómodo frente a este recuerdo se habrán neutralizado.

El revivir la experiencia a alta velocidad y a la inversa, mentalmente, cambia el orden de la experiencia en tu cerebro eliminando las sensaciones asociadas a esta.

Comenzar desde el final y revivirlo todo al revés, implica imaginar a sus actores hablar al revés, caminar al revés, interactuar con la gente al revés. Es tu pensamiento aparentemente yendo al revés, con lo que se genera una resignificación del recuerdo y produciendo una disociación entre la emoción y la experiencia.

Incluso puedes potenciar el resultado agregando submodalidades adicionales: Ensaya a ubicarte al final de la película, y reversarla mientras la observas en colores blanco y negro.

Tras cada visualización, rompe tu estado mental haciendo algo totalmente diferente como repasar las tablas de multiplicar o buscar equilibrar un objeto en la mano. Esto es, practica la visualización de la película del final hacia el principio, abre los ojos y distrae tu mente un par de minutos y vuelve a repetir la visualización.

¿Qué tal te fue? Seguro te estás maravillando con el resultado. Eso es PNL pura y práctica.

Esta técnica es lo suficientemente poderosa para curar fobias y miedos y fue desarrollada por los mismos Bandler y Grinder, los padres de la PNL.

Ahora, voy a mostrarte otra técnica poderosísima para transformar una conducta por otra...

Técnica Para Generar Hábitos Y Cambiar Una Conducta Por Otra

Ahora quiero compartirte uno de los más poderosos ejercicios de la PNL, la denominada técnica Swish, conocida también como el patrón swish, patrón suiche, patrón del chasquido o técnica de intercambio.

Primero le recomiendo que lea cómo funciona la técnica y luego proceda a probarla en privado cuando nadie pueda molestarlo y usted pueda relajarse por unos minutos.

La técnica Swish ha sido diseñada para permitirnos instalar respuestas positivas frente a estímulos que suelen generar efectos negativos.

Puedes usar la técnica Swish para cualquier tipo de situación que enfrentes en la que no te sientas a gusto. Sin embargo, debo notar que es una técnica que sirve más para implementar pequeños cambios, que para realizar giros de 180 grados y transformaciones completas de tu vida.

Piensa en esta técnica como un truco para prepararte a actuar de la manera que te gustaría en aquello en lo que actualmente no te desempeñas tan bien como quieres. –Te confieso que es una de mis técnicas favoritas al momento de hacer coaching–.

Así que, ¿En qué te gustaría desempeñarte mejor, y cómo exactamente imaginas que sería dicho desempeño?

Tal vez en tu trabajo aumentando tus ventas, o hablando con alguien del sexo opuesto mientras te sientes con total confianza, o saliendo a hacer una presentación en público; O tal vez quieras dejar de fumar, o de comer comida chatarra, piensa en algo en que quisieras ser mejor.

Para esta técnica, lo primero es identificar el comportamiento problemático. Tal vez, sientes que no te ejercitas demasiado, que estás comiendo muchos dulces, o que temes hablar en público, o con alguien del sexo opuesto.

Lo único que importa es que sepas cual es el comportamiento que te gustaría cambiar por una nueva respuesta con la que te sientas a gusto y en absoluto control.

Es muy probable que este comportamiento actual sea activado dentro de ti por algún estimulo especifico.

Esto quiere decir que tú no escoges de manera consciente que hacer, simplemente lo haces. Es una respuesta automática, tal y como cuando un médico te golpea en la rodilla para ver tus reflejos y tu pierna se levanta automáticamente.

Así que hay que identificar cuál es ese disparador de tu comportamiento actual. Solo así podremos reemplazarlo usando la técnica Swish.

Por ejemplo, si no estás yendo a ejercitarte al gimnasio como antes, ¿Cuál es el momento exacto en que decides no ir?, ¿Es acaso cuando suena el despertador y sientes que no quieres levantarte? ¿O tal vez, es cuando empacas tus cosas? ¿O es justo cuando entras al gimnasio o tras hablar o encontrarte con alguien en particular?

El caso es que debe existir algo, un momento, un instante específico, en el que se dispara esa actitud que no te gusta tanto. Trata de encontrarlo...

Imagina que estás haciendo exactamente eso que te produce ese comportamiento indeseable.

Una vez has identificado este disparador, anótalo en un pedazo de papel y rompe tu estado de concentración. Aclara tu mente haciendo algo totalmente diferente, algo que te distraiga de lo que acabas de imaginar por algunos segundos. Prueba saltar en tu lugar o tararear una canción, mira por la ventana o mejor aún, intenta recitar el alfabeto al revés. Haz alguna cosa que distraiga tu mente temporalmente.

Ahora, aquí viene la mejor parte: Escoge la imagen de ti, que quisieras instalar en tu subconsciente. Imagina esa respuesta positiva que te gustaría tener para reemplazar ese comportamiento que no deseas.

Escoge una imagen de ti, desenvolviéndote de manera excepcional frente al hábito que deseas. Tal vez quieras verte tras una sesión de gimnasio con tus músculos mejor definidos y estando feliz disfrutando de la endorfina. O a lo mejor te imaginas escogiendo un alimento mucho más sano en vez de ese pedazo de chocolate y sintiéndote muy bien por dentro porque has hecho algo por tu cuerpo. O a lo mejor te imaginas hablando en público al frente de un gran número de personas hablando con total confianza y esbozando una sonrisa, o acercándote tranquilo hacia esa persona atractiva y de manera nada pretensiosa con el ánimo de decirle "*Hola, me llamas la atención y decidí que quería conocerte*"

Todo lo que importa es que tengas una imagen de ti, del cómo quieres sentirte. Algo que te motive a ti y solo a ti. Ahora, comencemos a jugar con las submodalidades:

1. Comienza a agrandar esa imagen positiva de ti, hazla más y más grande.

2. Haz de esta imagen algo hermoso, coloréala con tonos brillantes y nítidos y déjate llevar por el detalle. Hazla real y vívida. Escucha los sonidos que te rodean, tienes una agudeza auditiva sin igual, y percibes todo a tu alrededor de manera increíble. Permítete disfrutar de tu gloria, siéntete mejor que nunca.

3. Sonríe y sigue recreando esa imagen. Agrándala y rodéate de su energía. Estás viviendo la situación de la manera más óptima posible. Una imagen grande, inmensa de ti cómo quisieras ser.

4. Ahora, ubica en tu cuerpo la parte donde más sientes el efecto de estas sensaciones. Y dale un color... Asígnale un color a la parte de tu cuerpo donde más sientes dicha sensación. Aumenta la intensidad de dicho color y su brillo... y agrándalo más.

5. Disfruta de esta colección de imágenes, sonidos y sensaciones. Siéntete increíble, pues estás en la cima del mundo. No te niegues ni te guardes ninguna sensación. Disfruta este momento en su totalidad.

6. Bien... ahora es momento de romper este estado nuevamente. Abre los ojos y cuenta hasta 10 en inglés, habla con tu mascota o piensa sobre el por qué estamos aquí. Haz cualquier cosa que pueda dis-

traerte. Pero tu mente debe alejarse de lo que estabas pensando. Intenta contando de 100 a uno, ¡hazlo ya!

7. Ahora estamos listos para que ocurra la magia. Vamos a tomar la imagen original, la del disparador, y vamos a reemplazarla con nuestra imagen empoderada. Así que visualiza el disparador, visualízalo en primera persona, esto es, no lo mires como si fuera una película y tú un espectador, sino viviéndola desde tu propia perspectiva como si fueras el protagonista.

8. Ahora has aparecer tu imagen empoderada y visualízala del tamaño de una estampilla en la esquina sobre la imagen de tu disparador no tan bueno. Hazla pequeña y oscura. Estás viviendo tu disparador en tamaño real en primera persona –siendo el actor-, y observando a la distancia tu imagen óptima del tamaño de una estampilla –siendo su espectador-.

Es momento de hacer el suiche:

9. Algunas personas gustan de hacer un sonido de "swish" o como si fuera un cohete. Pero vas a tomar tu experiencia del disparador, esa experiencia que no te gusta y que quieres cambiar y ahora vas a intercambiarla con la imagen óptima de la estampilla, vas a hacer este cambio casi de manera violenta, vas a sentir la corriente del viento que generan ambas imágenes mientras se intercambian entre sí.

10. Escucha el sonido: Swish. La estampilla se crece y se hace nítida y vivida absorbiéndote, y tu disparador negativo se te aleja cada vez más. Yéndose a lo lejos y haciéndose pequeña, pequeña, pequeña en la distancia.

11. Observa y siente estos cambios en todo su detalle. Es como si salieras de un cuarto e ingresaras a otro muy rápidamente. Tu imagen empoderada se está haciendo a ti y ahora la vives en primera persona, y tu disparador o imagen negativa –que quieres cambiar- comienza a hacerse oscura, borrosa, pequeña, y lejana, y se va, yéndose más y más lejos, y la ves como si ahora fueras su espectador.

12. Una vez la imagen empoderadora te abrace, déjale entrar por cada uno de tus poros. Mírala brillante. Disfruta de este estado tanto como puedas. Has cambiado de escena, Eres su estrella, estás en la cima del mundo viviendo nuevamente esta sensación. Disfrútalo.

Ahora, es momento de sembrar esto en tu mente.

Para que esto funcione, te recomiendo que repitas este ejercicio diez veces.

¡Vamos! no bosteces ni le pongas un pero al asunto.

Si ya has llegado hasta aquí, has llegado lejos y no vamos a tirar la toalla. Y créeme, ¡vale la pena!

Así que toma nuevamente la imagen que quieres cambiar y vívela mientras imaginas en la distancia y del tamaño de una estampilla, el comportamiento ideal. Luego haz el suiche y lleva tu imagen indeseada a una esquina, hazla pequeña, mientras la imagen óptima te absorbe por completo en tu realidad con colores y sensaciones sin igual. Siente como te cambias entre cada imagen. Fíjate en esa parte de tu cuerpo donde está el color intenso donde más sientes el efecto de esa sensación de empoderamiento.

No olvides romper el estado cada vez que realices el cambio, Hazlo diez veces, tu sensación deberá ser divertida toda vez que experimentes tu nuevo YO disfrutando de ese estado óptimo.

Una vez hayas terminado de hacer el suiche diez veces, piensa en el disparador y ese comportamiento indeseado. Imagina la parte de tu cuerpo llenándose de luz y del color que decidiste darle sobre la visualización.

Si lo has hecho bien, tu sensación sobre el comportamiento original debe haberse aminorado inmensamente o incluso desaparecido. Tal vez incluso sea hasta cómico tratar de imaginarte en ese estado indeseado.

Ahí lo tienes, una nueva forma de actuar cada vez que experimentes tu disparador negativo.

Una nueva herramienta para realizar cambios en tu comportamiento.

Imagina todo lo que podrías hacer con esto... cuantos comportamientos podrías reajustar en ti. ¡Aprovéchalo!

Esta página se ha dejado en blanco a propósito

Secretos De Empatía Y Lenguaje Corporal

¿Qué tan fácil te resulta conectar con los demás? ¿Si estuvieras solo en una fiesta, como comenzarías una conversación? ¿Qué tan buenas son tus relaciones?

La respuesta a estas tres preguntas viene dada por una poderosa cualidad humana a la que la PNL le ha invertido buena cantidad de estudio: **La Empatía o Rapport, e**se sentimiento de confianza que obtienes y produces en los demás cuando interactúas con ellos.

Seguramente alguna vez has tenido una conversación con alguien que apenas conoces, y donde a los pocos segundos ambos sienten como si se conocieran de toda la vida. Dicha sensación, de estar conectados, es el rapport haciendo de las suyas. Es esa empatía y sensación de que alguien te agrada y le agradas, y que sientes que ambos encajan a la perfección.

Existe un viejo experimento conducido por el Investigador Albert Mehrabian quien logró descomponer en porcentajes el impacto de lo que comunicamos al mundo, concluyendo que 7% de nuestros mensajes se transmite de manera verbal, 38% de manera vocal por medio del tono y matiz de voz sumados al contexto, y el 55% restante viene dado por medio de nuestras señales y gestos.

Básicamente la conclusión de Mehrabian fue que el componente verbal se emplea solo para comunicar información y el no-verbal para comunicar estados y actitudes. Pero dependiendo de esos estados, la información transmitida podía tomar un significado completamente diferente a lo que queremos comunicar.

Piénsalo así: no es lo mismo decirle a alguien en un tono agresivo *"Necesito que me ayudes"* a decirlo en un tono suave.

Ya veíamos como una de las presuposiciones de la PNL dice que es imposible no comunicar, y que las respuestas que obtenemos son resultado de nuestros mensajes. Acción y reacción.

Luego, si podemos controlar nuestra comunicación, y con ello generar Rapport con quienes interactuamos, no solo ampliaremos nuestras amistades, sino que además nos desempeñaremos mejor en nuestro día a día.

Hacerlo es muy sencillo, y en verdad solo requiere un poco de autoconsciencia y práctica.

Una de las maneras más útiles y sencillas de generar empatía con otra persona, consiste en compartir su lenguaje corporal. Esto es, imitar de manera sutil sus movimientos y ademanes. Al hacerlo, podemos comunicarle de manera subconsciente que somos tal y como él.

Es un hecho que las personas queremos estar con otras personas que consideramos similares a nosotros. Personas que compartan nuestra forma de pensar y por ende, de actuar y enfrentar el mundo. Así que esta, es una excelente forma de comunicar de manera no verbal dicha similitud.

Pero atención: El compartir el lenguaje corporal del otro y copiarlo, no implica imitar al otro como si estuvieras jugando al mimo imitador. Tampoco se trata de copiar instantáneamente todo movimiento que tu interlocutor haga, como sí de hacerlo de manera sutil. Si te pones simplemente a imitar a la persona directamente, obtendrás el resultado opuesto: La gente se alejará de ti pensando que eres un lunático.

Para hacerlo bien, es necesario **prestar atención a la postura de tu interlocutor**: Si estás sentado con alguien, y esa persona se cruza de piernas, espera unos segundos y hazlo tú también.

Si esa persona se acerca a ti para hablar, es normal que tú también lo hagas y te inclines hacia él para escuchar. Si la persona comienza a echarse para atrás, tú también puedes hacerlo. Como guía, espera un poco más de 20 segundos antes de compartir el lenguaje corporal de tu interlocutor. Esto garantiza que tus movimientos no sean detectados a nivel consciente, y por lo tanto no se perciban forzados.

No sobra decir que los gestos faciales también pueden ser copiados de manera inofensiva. Si alguien te sonríe, espera un par de segundos y sonríe también.

¡Es perfectamente normal sonreír a quien te sonríe! Si la persona juega con un lápiz o se toca el pelo, tú también puedes hacerlo. Solo recuerda no hacer un espectáculo al respecto.

Recuerda, el secreto es ser sutil y comunicar a nivel inconsciente con tu lenguaje corporal que eres como esa otra persona. Sutileza es el nombre del juego. Aquí cabe decir que el emplear pequeños movimientos tiende a producir mejores resultados.

Por ejemplo, si la persona mueve un brazo hacia un lado, tú puedes esperar unos segundos y girar tu cuerpo o una mano en la misma dirección. Si la persona reacomoda su cuerpo, tú puedes mover tu cabeza del mismo modo. Piensa en esto como si tus movimientos fueran pequeños tributos a los movimientos mayores que la otra persona realiza.

Otra característica que puedes buscar imitar es la respiración de tu interlocutor. Respirar a la misma velocidad y ritmo que la otra persona, aunque confieso que esto personalmente me resulta algo difícil y no tan efectivo como la técnica que acabo de describirte.

Piensa en este ejercicio como un baile en donde tú, y la persona con que interactúas, deben estar en sincronía.

Esto en cuanto al lenguaje corporal, pero como mencionábamos frente al experimento de Mehrabian, la tonalidad también juega un papel importante: El buscar imitar el mismo tono de voz de la otra persona, potencia también esta sensación de empatía. Esto es algo que las personas que trabajan en ventas saben emplear bastante bien.

Aquí la idea consiste en busca hablar de la misma manera que la otra persona, ¿cómo suena, acaso excitado, cortés, interesado o lacónico? ¿A qué velocidad habla tu interlocutor? ¿Es lento o rápido? Fíjate en esas características y busca hacer lo mismo con tu propia voz.

¿A qué volumen se comunica y cuál es su ritmo? Aplícale las mismas características a tu discurso.

Igualmente fíjate qué tipo de palabras emplea la persona con la que hablas y busca emplear los mismos términos con lo que dices. Si el otro usa algún tipo de muletilla, bien te vendría echarle mano para generar empatía.

Ahora, hasta este punto hemos hablado de cómo comunicar inconscientemente a la otra persona que empatizamos con él. Es hora de llevar esto más lejos...

Una vez se ha generado rapport o empatía, podemos cambiar la dinámica de nuestra comunicación:

Primero comenzamos imitando sutilmente a la otra persona, pero una vez el lazo de empatía se ha establecido, será la otra persona la que inconscientemente ¡comenzará a imitarnos a nosotros!

Sé que eso suena bastante increíble, ¡pero así es!

Tienes que probarlo para comprobarlo: En una reunión por ejemplo, una vez has generado empatía, te darás cuenta de que cuando decides beber agua, alguien más lo hace. O si juegas con un lápiz, alguien más lo hará. Si de pronto te tocas la cara, y observas que la otra persona lo hace también a los pocos segundos, ya has llegado a este punto. Cuando esto sucede, eres tú quien ahora dirige la empatía del grupo. Esto es testimonio de lo que esta técnica puede lograr.

Es aquí cuando sabemos que la otra persona estará abierta a discutir con nosotros lo que queremos. Para un vendedor, este es el punto de hacer su propuesta de venta, para alguien que da un consejo, este es el punto donde la otra persona está abierta a escuchar indicaciones.

Ahora, es común pensar en esta técnica como una forma de influenciar a los demás casi de manera hipnótica. No se trata de eso, y aunque encuentres cientos de textos que te dirán que así es, en realidad lo que estamos logrando es generar un lazo de confianza con quienes interactuamos, para que sean más receptivos frente a lo que les queremos comunicar.

No se trata de manipular a nadie, como sí de mejorar nuestra comunicación para que sea más efectiva.

La confianza es la base de toda relación. Si logramos generar confianza, será mucho más sencillo para las personas con que interactuamos el aceptar lo que queremos decirles.

Todos sabemos que las palabras de quienes nos generan confianza tienen un mayor peso que aquellas de quienes apenas acabamos de conocer

El rapport no es un acuerdo en sí. La generación de rapport resulta de asumir una posición secundaria: la de estar dispuestos a ver el mundo desde la perspectiva de los demás. Las mejores relaciones resultan de la confianza y la empatía, nunca de un acuerdo.

Si quieres generar rapport con una persona deberás mostrar interés genuino en ella.

Si quieres generar rapport deberás ser curioso por los demás y por lo que piensan.

Si quieres generar rapport deberás estar dispuesto a ver el mundo desde la perspectiva del otro.

Las técnicas de lenguaje corporal son solo ayudas para el proceso.

Pero no existe mejor forma de generar empatía que la de demostrar un verdadero interés.

Luego, si estás en una fiesta solo y buscas conectar con alguien, interésate en esa persona: Comienza por hacer una pregunta de información que le permita a tu interlocutor ser la estrella. Preguntar algo como "*Qué bonito accesorio, me llama la atención ¿Qué es exactamente?*" resulta ser suficiente para iniciar una conversación interesante con alguien más.

Recuerda esto, el tema favorito de toda persona es ella misma.

Deja que los demás hablen de sí, y estimúlalos a que digan más sobre sí mismos.

Admíralos y a nivel inconsciente copia sus movimientos. Verás que fácil resulta el generar empatía y rapport con los demás.

Esta página se ha dejado en blanco a propósito

Conjurar Palabras Mágicas

Decíamos al comienzo, que la programación neurolingüística hace referencia a la combinación de una PROGRAMACIÓN, a manera de codificar y estructurar información; NEURO para hacer referencia a nuestra mente como esa gran computadora que es, y LÍNGÜÍSTICA como los códigos y términos que utilizaremos para efectuar dicha programación.

Por lo tanto, la PNL no solo estudia esos componentes no verbales de nuestra comunicación, sino por supuesto, las palabras que usamos, cómo las usamos y que efectos obtenemos con ellas.

Si bien recordamos aquella presuposición que señala que es imposible no comunicar, y que obtenemos respuesta de acuerdo a lo que comunicamos, es necesario prestar atención precisamente a las palabras que empleamos con nosotros mismos y los demás.

Quiero darle un pequeño ejemplo, que es seguramente el más empleado para ilustrar este concepto en PNL: Si yo le digo, "*no quiero que pienses en un taxi amarillo*". ¿Acaba usted de pensar en uno?

¡No me sorprende que así sea! La mente humana no puede procesar negaciones.

Cuando yo le hago una afirmación del tipo "*no pienses en un taxi amarillo*", su mente primero piensa en el taxi y solo después se dice a sí misma "*debo cancelar este pensamiento*".

Por ejemplo, alguien va a visitarle a su casa y al entrar usted le dice "*¿No te provoca tomar algo?*" Fíjese si usted no es quién precisamente está invitando a que esa persona se decida a NO tomar algo. Usted está pidiéndole con sus palabras que realice la negación a dicha invitación.

El cerebro solo procesa la negación tras un análisis posterior. Por lo tanto, es mucho más útil hablar en afirmativo y decir "*¿Te provoca tomar algo?*"

Al momento de trabajar con afirmaciones, estas siempre deben ser planteadas en positivo.

Por esto mismo, es más útil una afirmación del tipo "*Quiero hacer dinero*" en vez de "*No quiero ser pobre*". Esta última frase el cerebro la procesará como "Quiero ser pobre. No", mientras que la primera es procesada sin ningún tipo de filtro: "Quiero hacer dinero".

Hace poco veía una publicidad en un gimnasio local donde invitaban a la gente a inscribirse por un precio bastante atractivo. En dicha publicidad decían *"No te quedes sin tu cupo"*. La respuesta fue buena, pero cuando se decidieron a cambiar esa frase por *"Cupos limitados"* se disparó la venta de los mismos.

Siempre que puedas procura utilizar afirmaciones en positivo. Es más útil por ejemplo decirle a alguien *"Recuerda que..."* a decirle *"No olvides qué..."*. En el segundo caso lo que comunicas es "olvida que. No".

Uno de mis trucos favoritos de programación neurolingüística, es el que tiene que ver con la palabra **PERO**. Esto ya lo había tratado en mi libro **PIENSE PODEROSAMENTE**, pero es demasiado bueno para no mencionarlo en este texto...

¿Se da cuenta lo que acabo de hacer al emplear la palabra PERO en la frase anterior?

El PERO actúa como un bloqueador semántico. Dicho de otra forma, todo lo que va antes de un PERO es bloqueado y pasado por alto. Suelo decir en mis presentaciones que *"todo lo que dices antes de un pero es anestesia*". Una especie de bálsamo antes de proceder a realizar algún tipo de crítica o queja.

Le comparto el ejemplo que uso en mis conferencias:

"*Me gusta tu trabajo, PERO creo que podemos hacerlo mejor*".

Dígame con toda honestidad, ¿usted sí cree que acabo de reconocer su trabajo? ¡Para nada! Al contrario acabo de decirle que no es suficiente, usted no se va a sentir nada bien y va a enfocarse en lo que no está haciendo bien.

Yo soy de los que cree que a menos que uno ofrezca una alternativa, uno no está construyendo nada. Las críticas constructivas no existen.

Si le digo "*Me gustó la comida, pero con un postre quedaría genial*" le estoy comunicando que la comida no estaba tan buena, y que el postre tal vez la habría salvado.

Todo PERO bloquea.

Ahora, ¿Es esta una invitación a deshacerse de la palabra PERO en su hablar diario? ¡Claro que no!

Si el PERO resta y bloquea, bajo la perspectiva de la PNL existe otra palabra que suma y multiplica: El conector gramatical "Y".

Mírelo así:

"Me gusta tu trabajo Y creo que podemos hacerlo mejor".

Fíjese como allí está el elogio inicial y la confianza en incluso llevarlo más lejos.

"Me gustó la comida, Y con un postre quedaría genial", ahí está el reconocimiento y además la opción para que la próxima vez, sea complementado con un exquisito postre.

Llévelo a su día a día: Sí su pareja le pregunta *"¿Vamos a cine?"* y usted le contesta *"Pero es que yo quiero ir a comer...",* seguramente irán a comer mientras en la mente de su pareja se gesta la idea de que sus propuestas no son lo suficientemente buenas, y conforme pase el tiempo tal vez piense que en su relación siempre se hace lo que a usted le da la gana.

Atención: Cuando una persona usa el PERO con frecuencia en lo que dice, es percibido como negativo.

Pruebe una estrategia diferente:

Su pareja le dice *"¿Vamos a cine?"* y usted le contesta *"Y podríamos ir a comer...".*

Fíjese como usted está reconociendo la opción inicial y a la vez dando una alternativa. Ponga en práctica ese pequeño truco que es uno de mis favoritos y verá cómo la gente comienza a percibirlo de manera más positiva.

Sin embargo, hay otras veces en que nos es necesario producir un efecto de negación en la persona con que tratamos.

A lo mejor terminamos de hacer una presentación de ventas y queremos hacer el cierre pero no queremos que nuestro prospecto se sienta acosado. Aquí un buen truco lingüístico es el de finalizar tu frase con un **"o..."**.

Por ejemplo, *"¿Te parece muy complicado así o...?"* esto producirá inmediatamente una respuesta negativa: *"No, así está bien",* será posiblemente la respuesta de la otra persona.

Mirémoslo más en detalle: Tu terminas tu presentación de ventas y dices *"Esa es nuestra propuesta, ¿te parece bien o...?"* y probablemente tu cliente responderá *"No, así está bien".* *"¿Está bien este color o...?",* *"No, así está bien",* que es una forma de producir una afirmación en la persona con quien estás hablando.

Ese es otro excelente truco lingüístico útil de PNL.

Y miremos otro más: En mis conferencias suelo explicar cómo las palabras **"Debería, tengo y necesito"** implican una autolimitante.

Cuando una persona dice *"debería hacer esto",* o *"tengo que hacer aquello o necesito de esto"* está dejando todo su poder en manos de elementos externas.

¿Qué usar en estos casos para deshacernos mentalmente de dicha dependencia?

Una palabra útil en este caso es PODRÍA...

¡Qué diferencia decir *"Podría hacer esto", o "podría hacer aquello"!* Cuando lo usas con otras personas o contigo mismo, abres un mundo de posibilidades en vez de someterlos a un factor externo.

Busca reemplazar tus propios *"debería, tengo y necesito"* por *"podría"*. Es más, corrige eso en los demás y también te apreciarán como un genio del positivismo.

Otro termino útil es **"Aún no"**.

Cuando alguien te hace una pregunta de información y contestas *"No lo sé"*, esta es otra forma de limitación. Si bien es cierto que no conoces la respuesta a toda pregunta que te hagan, tal vez tu jefe o la persona que te indaga no querrá escuchar esas tres palabras de "no-lo-sé" que aparte de comunicar desconocimiento, no ofrecen alternativa.

En cambio prueba a contestar "**Aún no lo sé**". ¿Ves la diferencia? Puedes transformar el agua en vino literalmente solo anteponiendo "Aún no" a aquello que se te solicita y desconoces.

Recapitulemos:

1. Una negación solo es procesada tras una afirmación, "*No pienses en elefantes rosados*" es procesado por el cerebro como "*Piensa en un elefante rosado. No*".

Por esto es útil emplear afirmaciones en positivo en vez de negativo. Es más útil decir "*Pasa por mí temprano*" a decir "*No llegues tarde por mí*"

2. El "*pero*" actúa como un bloqueador y todo lo que va antes del "*pero*" es anestesia. Mientras que el conector gramatical "Y", suma y multiplica en el significado aportando alternativas.

Decir "*Voy contigo pero entramos al almacén*" es comunicar que la única razón por la que vas no es por acompañar a quien te invita sino por ir a un almacén, mientras que decir "*Voy contigo y entramos al almacén*" ofrece la opción de entrar a dicho sitio y acompañar a quien te invita.

3. Si empleas una pregunta que termine con un "*O...*", producirás una negación que puede ser tomada como una aceptación por parte de tu interlocutor: "*¿Te parece bien lo que acabo de enseñarte o...?*" seguramente resultará en una respuesta del tipo "No, así está bien"

4. Emplear la palabra "*Podría*" en vez de autoflagelarte o insistir sobre los demás empleando términos como "*debo, necesito o tengo*" ofrece una alternativa empoderadora, en donde se depende de uno mismo más que de factores externos.

5. Lo mismo ocurre cuando antepones "*Aún no*" a algún requerimiento que no tienes. Siempre es más útil contestar "*Aún no se*" que simplemente contestar "*No sé*" a aquello que nos indaguen y desconozcamos.

Como puedes ver, echar mano de palabras mágicas al mejor estilo del "abracadabra" es totalmente válido. Eso sí, alejados de todo concepto esotérico, y manteniendo los pies en la tierra, aplicando conocimientos propios del siglo XXI.

Esta página se ha dejado en blanco a propósito

Cinco Poderosas Palabras Mágicas Adicionales

Siguiendo la línea del capítulo anterior, creo con absoluta certeza que nuestras palabras moldean nuestro mundo. Y aun cuando esa aseveración, es del mismo tipo que algunas de las presuposiciones de la PNL y no está catalogada como tal, igualmente creo que el considerar dicha afirmación como verdadera y actuar bajo su creencia, solo puede resultar positivo.

Así que para seguir con estas palabras mágicas, quiero compartirte ahora las que considero son las cinco palabras más poderosas que cualquier ser humano pueda escuchar.

Cierta vez hablando de viejos tiempos con mis amigos del colegio, recordábamos al papá de uno de nosotros como un tipo serio y de muy pocas palabras, que cuando hablaba, sin duda escuchábamos.

Una vez en la casa de este amigo –Hernán–, estábamos escuchando música, cuando su papá de pronto aparecía y lo único que decía era: "¡Hernán!", y nosotros callábamos e incluso temíamos lo peor, aunque la mayoría de las veces, solo nos reíamos del susto ya que el señor solo pasaba a revisar en qué andábamos.

Así que la primera palabra y a su vez la más poderosa sobre la faz de la tierra es: **TU NOMBRE**.

Cuando eras niño, escuchabas tu nombre siendo repetido una y otra vez, e inconscientemente terminaste asociándolo con el llamado de tus padres y la atención y seguridad que ellos te brindaban, y por supuesto, disfrutabas dicha atención.

La palabra más importante para cualquier persona es su propio nombre. Cuando empleas el nombre de una persona al principio o al final de una frase, la posibilidad de influenciar a esa persona aumenta considerablemente.

¡Que poderoso resulta poder hablar en términos del primer nombre con cualquiera!

Ahora, toda comunicación es un intercambio. Es acción y reacción, enviamos un mensaje y recibimos una respuesta. Así opera nuestro mundo. Y cuando queremos obtener algo de alguien, es necesario que esa persona tenga una justificación válida según su forma de pensar antes a proceder a darnos lo que esperamos de ella. Es así como aparece la segunda palabra hipnótica más poderosa: El "PORQUE..." como justificación.

Por ejemplo, *"Considera asistir a una presentación de Juan David Arbeláez porque es un excelente conferencista, mentalista, persona, etc., etc...."*

La razón porque debemos emplear la palabra "porque", tiene que ver con que esta, también ha sido programada en nuestra mente desde muy temprana edad.

Yo recuerdo de niño preguntándole a mi mamá el *"Por qué"* de todo lo que veía o escuchaba y eventualmente ella respondería *"...porque tal y tal cosa"*. Esto, en los niños, se le llama precisamente la edad de los Por Qué.

Todos alguna vez de niños le preguntamos a nuestros padres si podíamos quedarnos hasta tarde a ver un programa de televisión. Nuestros papás contestaban simplemente *"No"* y luego preguntábamos *"¿Por qué?"* y ellos darían su justificación empezando su argumento con la palabra *"porque..."* Ejemplo: *"porque está muy tarde y tienes que madrugar"*.

Es así como para obtener una respuesta positiva, el emplear la palabra "porque" nos frece una ventaja adicional. El "porque", actúa como un como atajo mental para promover una respuesta positiva. Estamos dando cualquier justificación antes de que la otra persona tenga siquiera que solicitarla.

Otra poderosa palabra es "**YA**", o ahora mismo.

Volviendo al ejemplo anterior, el niño le pregunta a su mamá, *"¿puedo quedarme hasta tarde a ver televisión?"*, ella respondería "*no*" y tal vez tú le darías un montón de argumentos para mostrarle tu frustración a lo que ella diría simplemente *"¡Vete a la cama YA!"* y uno simplemente cumpliría. Emplear la palabra "YA" en una frase la convierte en un poderoso comando y un llamado a la acción.

Si estás a cargo de un equipo y necesitas comandar liderazgo, el decir "YA" o "ahora" lo comunicará de inmediato. Ten presente aquello del contexto y tonalidad con que dices las cosas: No quieres ser percibido como un tirano que lleva por lengua un látigo al que todos le temen, so pena de no hacer lo que se les pide.

Una cuarta palabra, y a la vez una de mis favoritas es "**IMAGINA**".

Imagínate tú mismo comunicándote de una manera tal, que tus palabras resultan siendo comandos directos para los demás, las personas solo te escuchan embelesadas y están felices de cumplir con lo que les pides.

Nota que aun cuando solo te estoy pidiendo que lo imagines, tu mente procesa mis palabras pintando mentalmente toda la escena.

¿Recuerdas el ejercicio que hicimos con las submodalidades? El Imaginar una escena es tan poderoso como vivir dicha escena. La clave para toda buena comunicación es lograr que las personas recreen en sus mentes lo que nosotros queremos de ellas, y así mostrarles que ellas mismas se benefician de esta acción. ¡Esto es oro puro!

Cuando pides a alguien IMAGINAR un resultado lo estás poniendo a vivir en carne propia lo que podría obtener. "*Imagina los viajes que podrías hacer con este auto*" podría decir un vendedor de carros; "*Imagina la fiesta que podrías organizar con tus amigos y como quedarías de bien ante ellos si alquilaras esta finca*" diría alguien interesado en arrendar una propiedad; "*Imagina cuanta diversión podrías obtener con este video juego*" diría alguna publicidad de dicho producto. "*Imagina el poder que te brinda contar con este conocimiento...*" te digo yo AHORA mismo.

Además, la palabra IMAGINA, puede combinarse con las submodalidades que veíamos anteriormente para generar Rapport: Decíamos que hay personas que son visuales, otras auditivas y otras más kinestésicas, y cuando hablamos de la empatía explicábamos cómo el hablar y copiar los términos del interlocutor podría generar dicho efecto en él.

Pues bien, presta atención a las palabras de tu interlocutor para darte cuenta si este es una persona más visual o auditiva: Si notas que tu interlocutor utiliza a menudo en su conversación, términos como "*Estuve viendo*" o "*estuve mirando*" en vez de decir "*Escuché que*" o "*en algún lado oí que*" puedes concluir que se trata de una persona más visual que auditiva. Mientras que si emplea con más frecuencia los segundos términos se tratará de una persona más auditiva pues sus palabras hacen énfasis en el escuchar u oír.

Ahora que sabes si esa persona es más visual o auditiva, utiliza la palabra IMAGINA con dichos términos para generar empatía. Por ejemplo, si estás vendiendo una casa y tu cliente potencial es alguien visual, podrías decir algo como "*IMAGINA el levantarte a VER el amanecer en este apartamento y luego IMAGINA el color del cielo y los arreboles sobre esos árboles al atardecer*". Es así como le estás pintando a esta persona visual un cuadro donde él, es el protagonista.

Del mismo modo, si se tratara de una persona más bien auditiva, podrías decir algo como "*IMAGINA la tranquilidad de este apartamento, escuchando el sonido de los pájaros al amanecer y los arboles susurrando con el viento al atardecer*".

Una técnica poderosa sin duda es esta de poner a IMAGINAR a las personas con que tratas.

Finalmente las dos últimas de estas poderosas cinco palabras mágicas resulta de la combinación de las palabras "**Por Favor**" y "**Gracias**".

Míralo así -puedes darte cuenta de que soy más visual que auditivo cuando te digo "MIRALO ASÍ"-, las personas no toman las cosas sin autorización, todos por lo general, preguntamos para hacerlo.

Por ejemplo si alguien te dice, *"¿podrías prestarme esto, por favor?"*, tú te sientes en parte obligado a hacerlo, y luego esa persona termina diciendo *"gracias"* el proceso se completa.

Desde que nacimos aprendimos que la combinación *"Por Favor"* y *"Gracias"* nos proporcionaban resultados, podíamos alcanzar muchas cosas cuando empleábamos esas palabras de niños.

Con el pasar de los años hemos olvidado esto, aun cuando es un hecho que las personas siempre tienden a responder positivamente a un *"Por Favor"* con su posterior *"Gracias"*.

¿Quieres llamar la atención de una persona? Pídele un favor.

¿Quieres finalizar una transacción? Utiliza la palabra gracias.

Así que ahí tienes:

La palabra favorita de toda persona es su propio nombre

Si incluyes el término PORQUE para justificar tu acción, reducirás la necesidad de una justificación por parte de las personas con que actúas.

El YA o AHORA comanda acción inmediata.

IMAGINA te ayudará a montar escenas visuales y auditivas donde los demás sean protagonistas

Y la combinación POR FAVOR y GRACIAS activan nuestra respuesta positiva

Ojalá te diviertas tanto como yo haciendo sentir a los demás bien con solo emplear estas cinco poderosas palabras más frecuentemente, y por supuesto, puliendo tu habilidad para obtener lo que quieres al conversar.

★★★

Tres Secretos Lingüísticos

La técnica número uno para generar una primera impresión favorable es la más sencilla que existe: sonreír.

Hacerlo, ejerce cuatro efectos importantes: comunica confianza, felicidad y entusiasmo, y la más importante, demuestra aceptación.

Pero hay otra técnica que va más allá del lenguaje corporal y nuestros reflejos y que bien viene de la mano con la PNL: **El Efecto De Primacía**.

En un estudio realizado en 1946 por Solomon Asch se demostró la importancia de la presentación de información basada en la imagen que nos hacemos de los demás, acuñándose el término Efecto De Primacía, que dice que las primeras informaciones que entregamos a los demás, terminan influyendo la percepción sobre las consecutivas.

Por ejemplo, si nos dan una lista larga de palabras a memorizar, recordaremos precisamente las primeras palabras de dicha lista, y seguramente algunas del final de la misma -que es otro efecto denominado **Recencia De Memoria**, o que tan reciente es un recuerdo-.

A nivel de pensamiento ocurre lo mismo, recordamos aquellas ideas del principio de la cadena de pensamientos y las del final, realizando una asociación entre ambas que puede no ser acertada.

Piense en esto:

A su oficina llegan las hojas de vida de 2 personas con las siguientes características

"Frío, emprendedor, de pensamiento crítico práctico y determinado."

Y el otro

"Cálido, emprendedor, de pensamiento crítico, practico y determinado."

Según esas descripciones, ¿Cuál de los 2 individuos le parece mejor? Pues bien, la mayoría de personas preferirán al segundo individuo sobre el primero. ¿La razón? La primera de sus características que es la única diferencia termina influyendo sobre el resto.

Ambos son emprendedores, de pensamiento crítico, práctico y determinado. Pero el primero se define como frío y el segundo como cálido. Lo interesante es que, al anteponer dicha característica a todas las demás, la percepción de nosotros sobre la persona ¡puede cambiar por completo!

Y aquí viene el factor clave: Cuando se trata de nuestro lenguaje, **el orden de los factores sí afecta el resultado**.

Si prestas atención a un presidente dando cuenta de sus logros y desaciertos en un discurso, verás que casi siempre, comenzará por decir lo bueno que ha logrado y luego procederá a los vacíos o a los logros no tan notables.

Uno de los errores más grandes que cometen los abogados defensores en un juicio, es subir a sus clientes al estrado cuando recién se han discutido los detalles del crimen.

Dichos detalles están frescos y son fácilmente accesibles en la mente de los jueces, y por lo tanto el efecto de primacía tomará lugar. Todo lo que diga el acusado se verá teñido por lo reciente de los detalles del crimen en la mente de los jueces.

Y aquí viene este **primer secreto** de PNL: *Siempre que te encuentres en una posición donde debas persuadir a alguien de los beneficios de algo, o quieras convencerlo de tus cualidades, siempre comienza* *por lo mejor, no por lo menos bueno para rematar en lo mejor.*

Fíjate qué es lo primero que comunicas porque a partir de ese momento la emoción que generes puede teñir por completo la percepción de tu interlocutor.

Los políticos son genios en el manejo el lenguaje, pueden transformar el agua en vino con solo un par de ajustes en sus discursos. No solo el orden de sus palaras altera su mensaje, sino la selección de las mismas.

Nuestro lenguaje altera nuestra percepción de realidad porque es a través de palabras que vemos el mundo. Y si quieres potenciar tu comunicación, aplica este **segundo secreto**: *Siempre que necesites comunicar algo, evita usar palabras de connotación negativa, fuerte o que produzcan estigmatización.*

Puedes potenciar la reacción de cualquier persona a un mensaje escogiendo las palabras correctas.

¿Por qué los políticos prefieren hablar de acciones militares en vez de combates militares? ¿Qué no son exactamente lo mismo? Claro que lo son. Pero el hablar de acciones militares es más digerible por no llevar consigo la connotación del combate.

O piensa en un doctor que tiene que comunicar un diagnóstico a un paciente al que le han detectado diabetes, ¿cuál de estos dos diagnósticos crees que será mejor escuchar?

"Señor Pérez, lamento informarle que usted es propenso a tener diabetes y por lo tanto, es hora de cambiar su vida inmediatamente ante los riesgos de una complicación severa como una amputación o ceguera, en verdad lo siento."

Y ahora considere este otro diagnóstico:

"Señor Pérez, usted se encuentra bien de salud excepto por un aumento de azúcar en su sangre que puede denotar una condición de diabetes. Esta es una situación común y completamente controlable por medio de ciertos ajustes en sus hábitos de vida para que pueda mantener su energía y vitalidad."

Ambos diagnósticos dicen exactamente lo mismo, pero en el segundo caso, la selección de las palabras muestra sin duda que es algo sobre lo cual la persona tiene control, mientras que en el primer caso, se está apelando al miedo.

Así que busca escoger tus palabras al momento de hablar y escribir, de manera que concuerden con lo que quieres comunicar.

Y esto, nos lleva al tercero de nuestros secretos lingüísticos, **El Efecto Contraste**.

Combinando tanto el efecto de primacía con la selección de nuestras palabras podemos obtener un efecto bastante interesante: Los seres humanos operamos por comparación, ¿Qué hace que algo sea mejor o peor que otra cosa? Precisamente una comparación, y lo hacemos constantemente.

Considera esta nota que les envía una hija a sus padres:

"Queridos papá y mamá,

Con pena y dolor les cuento que he encontrado el amor de mi vida y me he escapado a vivir con él. Me encantan sus piercings, cicatrices, tatuajes y sobre todo su gran moto...

Además, estoy embarazada, pero Edmundo me dice que aunque vivamos en su pueblo, sin agua, luz, ni dinero, todo saldrá bien (mientras alcance para pagar su recuperación en alcohólicos anónimos).

Sé que teniendo solo 15 años, sabré como cuidar de mí misma.

Algún día los visitaré para que conozcan a sus nietos.

Con cariño, su querida hija.

PD: es una broma. Estoy donde mi amiga Lina viendo la tele. Sólo quería mostrarles que hay cosas peores en la vida que mis notas para este mes, que están sobre la mesa..."

Fíjese si el efecto de las malas notas de la niña no ha sido perfectamente aminorado por las palabras y orden de estas. Ese es el efecto contraste.

En ventas, es bien conocido. Solo después de que usted se ha decidido a comprar un auto, el vendedor le ofrecerá artículos complementarios, como un equipo de sonido, o la cojinería que cuestan mucho menos en comparación y no son necesarios, pero justamente por ese contraste en precio, a usted le parecerán económicos y será más probable que usted proceda a adquirirlos.

Ahí tiene entonces tres secretos lingüísticos supremamente útiles:

El orden de sus palabras altera el mensaje. Para dar la mejor impresión, comience siempre por lo mejor.

Escoja sus palabras de manera que no procuren un efecto negativo en su interlocutor.

Emplee el efecto contraste siempre que desee aminorar un daño o hacer que su mensaje pase bajo el radar o no se le preste importancia.

Esta página se ha dejado en blanco a propósito

Interrupción De Patrones

¿La piña de tu corbata sigue tibia aún?

¿O prefieres comportarte y guardar una luz siguiente?

Mejor, sigue disfrutando de estas maravillosas técnicas prácticas de PNL...

¡Rápido, vuelva en sí!

¿No sabe con certeza que acaba de leer?

¿No sabe que fue eso que acaba de experimentar?

No se preocupe, esa es justamente la idea detrás de este capítulo.

Antes de que me llame incoherente, permítame explicarle que acabo de sacarle de su trance y patrón habitual de pensamiento y justo en ese instante he buscado implantar una sugestión en su mente.

Verá, esa primera frase que usted leyó al comienzo de este capítulo carece absolutamente de sentido y es justamente por esa razón que su patrón de pensamiento se ve interrumpido.

Y es en ese punto, cuando su mente se pregunta "*¿Qué acabo de ver o escuchar?*", que es el mejor de los momentos para sugerir o implantar una sugestión, en este caso el que "*sigas disfrutando de estas maravillosas técnicas de PNL*".

Los seres humanos somos máquinas de analizar patrones.

Actuamos a la perfección bajo el principio de Acción y Reacción. Esto es, por medio de nuestras experiencias, concluimos que si percibimos A entonces sucederá B.

Si yo me acerco donde usted y le extiendo la mano mientras le digo "*mucho gusto*", seguramente usted me responderá extendiéndome la mano para dármela y respondiendo el saludo.

Mi acción conlleva a una reacción de su parte. Entre los dos ejecutamos un patrón de movimientos e intercambio de palabras, corremos un programa llamado "**Saludo con apretón de manos**". No llegamos a decirnos "*Vamos a saludarnos*" y procedemos a hacerlo, no.

Esta forma de patrones funciona como un mecanismo de economía mental. Le permite a nuestro cerebro poder ocuparse de otros asuntos más importantes, mientras que aquello que ya conoce puede delegarse a un segundo plano.

Pero cuando dicho patrón se interrumpe, nuestro cerebro sale de su trance, y reenfoca su atención por completo. Hemos roto la cadena de comando, y la reacción frente a la acción de la que hemos sido testigos es replanteada: Nuestra fórmula "Sí A entonces B" parece haber sido vulnerada.

Imagine que usted va conduciendo a su trabajo.

Si usted es como yo, seguramente tomará la misma ruta de siempre para ir de su casa a la oficina. Es un comportamiento totalmente condicionado, ese es su patrón, su programa de "conducir de casa al trabajo", y no tiene nada de malo: a manera de economía mental no tenemos que pensar y podemos perfectamente ponernos en modo piloto automático, prestando atención a la radio o pensando en nuestras próximas vacaciones mientras nuestra mente inconsciente se encarga de llevarnos por el camino de siempre.

Y es así como vamos por el camino, entretenidos o soñando despiertos e imaginándonos esa playa hermosa con el sol y el hotel donde pensamos hospedarnos cuando de pronto ...

¡BOOM!

Un árbol gigantesco cae delante del auto, presionas el freno y por unos segundos no tienes idea de que estás haciendo o que ha sucedido.

Tu mente subconsciente no sabe en este momento como reaccionar, está esperando una instrucción desde tu mente consciente o de alguien más.

La mente inconsciente es excelente al ejecutar nuestros programas y patrones automáticamente. Esto nos permite adjudicar recursos conscientes a otras tareas.

Esta es la razón del por qué es tan difícil cambiar nuestros hábitos. Nuestra mente inconsciente insiste en correr los mismos programas una y otra vez. ¿Qué hacer?

Escucha con atención: Nuestra mente inconsciente es pésima al momento de tomar una decisión puesto que dicha habilidad le pertenece a la mente consciente. Y es aquí donde yace el poder de esta técnica de PNL de la interrupción de patrones: con el fin de FORZAR a la mente subconsciente a ponerse en modo *"Atento a una decisión consciente"* hay que lanzarle una bola rápida que para atajar, le obligará que dar un giro de 180 grados.

Considera lo siguiente: Si yo te cuento un chiste que jamás has escuchado, la primera vez que lo oigas seguramente te producirá risa. Pero si inmediatamente vuelvo a contártelo, con toda seguridad no tendrá el mismo efecto. Esa, es la sicología del chiste.

El chiste comienza guiando nuestros pensamientos por una senda aparentemente reconocida y al final, por sorpresa da un giro inesperado. Nuestro cerebro, no sabe cómo reaccionar y por lo tanto produce risa. Pero en la segunda ocasión, nuestra mente ya conoce el final y es así como no es posible inducir la reacción inesperada y ya no nos reímos frente al chiste.

Siempre que se rompe el patrón de pensamiento, producimos una emoción.

Al entender que nuestros patrones de pensamiento pueden interrumpirse, podemos cambiar nuestro estado anímico, y el de los demás.

Permítame contarle una historia:

Cierta vez me encontraba en el aeropuerto de Las Vegas, cuando me tropecé con alguien sin querer, tumbándole todas sus maletas de una manera desastrosa.

El hombre absolutamente enfurecido se giró hacia mí preguntándome en inglés cuál era mi problema. Mi reacción fue decirle textualmente *"¿Ha visto las escaleras pintarse hacia arriba?"*. Se lo dije con total seguridad y tranquilidad, como si fuera un comentario común y corriente, a lo que el hombre inmediatamente respondió "*¿Qué?*" para yo continuar: *"tranquilo, todo está bien, no hay problema"*. Inmediatamente el hombre se calmó y volteó a recoger sus maletas como si nada.

Siempre que nos enfrentamos a algo desconocido, activamos todas nuestras facultades sensoriales y nuestro instinto de supervivencia empieza a asumir prioridades, ese es el momento perfecto para implantar todo tipo de sugestiones y recuerdos en la mente por cuanto se encuentra ocupada en cosas que considera de mayor importancia.

Al emplear una frase incoherente o una pregunta, enfrentamos al cerebro justamente a algo desconocido y rompemos, la fórmula Sí A entonces B. Y es mientras el cerebro busca rápidamente encajar las piezas y procesar eso que ahora no comprende, o que se salió del patrón de pensamiento, que las sugestiones pasan directamente sin ser siquiera racionalizadas.

Este concepto se define en PNL como **interrupción de patrones**, y su propósito principal es precisamente el evitar cualquier forma de condicionamiento neurológico o debilitar el nivel de intensidad que pueda tener un patrón ante una situación.

Dicho de otra forma: Si la mente racional está ocupada, ¿a dónde crees que está yendo a parar lo que escuchas o sientes? ¡Pues justamente a la mente subconsciente!

Romper un patrón de pensamiento es tan sencillo como hacer una pregunta, lanzar una afirmación incoherente o simplemente efectuar alguna acción inesperada.

En este caso del aeropuerto que acabo de contarte, la técnica de la interrupción del patrón de pensamiento ha sido aplicada en otra persona ante la inminente posibilidad de ver que reaccione de manera violenta. En ese aeropuerto, esa persona estaba bastante enojada y decirle semejante incoherencia lo detuvo por un tiempo suficiente para que desistiera de proceder con su patrón de acción convencional, en este caso, la furia con alguien más —yo- por haber tumbado sus maletas.

Algunas parejas suelen usar esta técnica sin saberlo.

Es lo que pasa cuando uno de los dos dice algo que no suena nada bien, e inmediatamente dice algo diferente o lanza una pregunta que no tiene nada que ver. Ambas acciones tienen la sola intención: "despistar" al otro y ponerlo a pensar en otra cosa para que olvide rápidamente lo que no le gustó o que puede traernos problemas.

Luego, para Interrumpir un patrón de pensamiento se necesitan tres cosas:

1. Identificar el patrón o programa que quieres romper.

2. Prueba algo inesperado. Por ejemplo, si tu pareja está comiendo demasiada mantequilla, considera pintar la mantequilla con un marcador. Si tu bebé está empezando a jugar con los tomas eléctricos, estalla un globo toda vez que se acerque a uno.

3. Observa que ocurre una vez el patrón resulta interrumpido.

Recuerdo en mi primer trabajo, que yo solía mantener unas bebidas instantáneas en la alacena de la oficina, y conforme pasaron los días me di cuenta de que alguien, las estaba consumiendo sin mi permiso.

No sabía quién era, ¿qué estrategia podía aplicar entonces? Mi idea fue quitarles la etiqueta a las latas y con un marcador dibujar una gruesa X en sus tapas. Esto tan sencillo fue suficiente para que la persona que se había acostumbrado a tomar mis cosas sin permiso se diera a conocer, se disculpara y pidiera de manera cordial si podía compartirle algo de la bebida.

Conozco un excelente ejemplo de un padre que quería que su hijo dejara de fumar. El hombre, tomó su cajetilla de cigarrillos y dibujó pequeñas caras tristes en el filtro de cada cigarrillo, diciéndole a su hijo que quisiera que lo recordara toda vez que fuera a fumarse un cigarrillo. Cuando el joven iba a prender uno, ese impulso automático por tomar un cigarrillo y llevárselo a la boca se veía inmediatamente interrumpido ante la imagen de la cara triste en los cigarrillos y recordando las palabras de su padre.

¿Y qué tal que aplicáramos esta técnica a nosotros mismos?

¿Recuerdas el patrón Swish que habíamos tratado anteriormente? Dicha técnica emplea varias interrupciones de patrones de pensamiento. Primero hacemos una visualización en nuestro panel de control y luego a nivel consciente buscamos distraer nuestra atención pensando en cosas diferentes.

Las formas de romper el patrón de pensamiento propio suelen ser bastante sencillas:

El humor y la risa son excelentes terapias cuando se trata de romper tu patrón de pensamiento.

Salir a caminar o darse un tiempo al momento de enfrentar algún estrés o sentir rabia.

Cambiar y trabajar en un lugar diferente.

Desconectarse de alguna actividad usual como ver televisión por una semana.

Incluso realizarse un corte de pelo, o adquirir un accesorio de vestir, puede lograr el mismo efecto para sacarnos de alguna forma de trance.

Sin embargo, hay veces donde estas estrategias no resultan muy útiles. Aquí, resulta práctico emplear el poder del reframing y apelar a la pregunta *"¿Qué otro significado puede tener esto?"*

Muchos de nosotros somos bastante reactivos, y ante algo que nos disgusta tendemos a sobre reaccionar. Pero el ser conscientes y antes de dejar que el efecto emocional haga de las suyas, el detenerse a preguntarnos *"¿Qué otro significado puede tener esto?"* nos pone inmediatamente en una posición de observación.

¿Está usted de afán en el súper mercado y la mujer del cajero empieza a hablar por teléfono antes de atenderlo? Pregúntese *"¿Qué otro significado puede tener esto?"* Y observe... seguramente se dará cuenta que la mujer está atendiendo algo que si usted estuviera en su posición, debería atender con premura.

¿Acaban de negarle un préstamo bancario fundamental para esa compra que iba a hacer? Pregúntese *"¿Qué otro significado tiene esto?"* Trate de encontrar algún sentido. Tal vez, no sea el momento de hacer dicha inversión. O tal vez el banco ha encontrado que su riesgo es superior al que usted ha calculado y por lo tanto sea necesario que usted busque aminorarlo aún más.

No asuma la situación como si usted fuera la víctima. Pregúntese que otro significado tiene, ubicándose desde la perspectiva de la otra persona.

Es un hecho que quien busca encuentra.

Así que, si tu mente comienza a deslizarse hacia el lado oscuro, te sientes frustrado o, algún prospecto te da una objeción absolutamente ridícula, o te encuentras en medio de una mala discusión, lánzale esta pregunta a tu cerebro, y te aseguro que te ayudarás a sentirte en calma, y retomar el control.

Esta página se ha dejado en blanco a propósito

Anclajes Neurolingüísticos

¿Qué imagen, se le viene a la mente al pensar en la palabra ANCLAJE?

Si usted piensa en un ancla, está en lo correcto, ¿y... para qué sirve un ancla?

Un ancla es un gancho que emplean los barcos para fijar una posición en el mar sin tener que preocuparse por la corriente. ¿Qué tiene que ver este pequeño apunte de navegación con la PNL? Pues que al igual que un ancla le permite a un barco aferrarse a una posición, un anclaje en PNL nos permite obtener el mismo efecto en nosotros con nuestras emociones y pensamientos.

Con toda seguridad usted ha dicho alguna vez frases como *"Esta canción me recuerda a... (alguna persona o lugar)"* o tal vez *"Ese aroma me transporta a la casa de mis padres"*. Pues bien, usted dice esto frente a dichos estímulos porque actúan como anclajes que le aferran a dichos momentos, evocando y reproduciendo sus emociones pasadas.

Yo puedo decirle con absoluta certeza, que todo recuerdo que usted almacena en su mente, está allí por una emoción particular. Las emociones son el pegamento con el que los recuerdos se guardan en la mente para su rápida recordación, y mientras más intensa la emoción, más intenso el recuerdo.

Todos los elementos que dispararon dicha emoción en su momento son ahora anclajes, y por ende, el reconocerlos en cualquier momento será interpretado por nuestro cerebro como una señal para buscar en sus archivos y encontrar rápidamente un recuerdo similar.

Piénselo así: Un niño de pequeño se acerca a un cachorrito aun cuando su madre le pide que no lo haga, y el perrito, en vez de recibirlo tranquilo, le ladra y termina mordiendo una mano. El niño sale llorando y sintiendo dolor, mientras su mamá adicionalmente lo reprende por haber desobedecido sus órdenes. Como puede ver, es un coctel de emociones que involucra dolor físico, un regaño por parte de un ser querido, una imagen de un perro, y todas las emociones que esto conlleva.

Esta combinación de sensaciones quedará registrada en la mente del pequeño, con lo que será muy probable que la próxima vez que vea un perro similar, le dé miedo, al punto de llorar mientras busca acercarse a su madre, y protegerse.

Solo sí el niño logra resignificar la experiencia, como por ejemplo, teniendo su propio perrito para que él lo crie e interactúe sin miedo, probablemente a medida que crezca seguirá experimentando dicho temor, incluso, con solo ver imágenes de un perro en una fotografía o en la televisión.

De hecho, ese es el secreto de las películas para generar emociones en nosotros: Apelar a anclajes y disparadores que todos llevamos programados en nuestra mente por medio de nuestras experiencias. Desde la oscuridad en la película de terror, hasta el instante en que el héroe le da un beso a la protagonista. Todos esos clichés, son anclajes neurolingüísticos.

Ese, es el poder de los anclajes: Permiten aferrarnos de manera emocional a momentos pasados, y reproducir patrones ya registrados en nuestra mente.

Si usted produce una emoción en una persona, los elementos y el contexto se codificarán en la mente de dicha persona como un disparador. Y conforme repita estos elementos o ese contexto, la persona estará condicionada a sentir y reproducir lo que antes había sentido.

Es muy probable que al sentir el perfume de su expareja, su mente pueda teletransportarse al momento en que usted estuvo con él o ella, y adopte un comportamiento similar al que tuvo con esa persona, ¡sin siquiera darse cuenta!

La PNL también se ha dedicado a estudiar estos disparadores con el fin de sacarles provecho.

Un anclaje, bajo la perspectiva de la PNL, es la asociación neurológica entre un estímulo -ya sea externo o interno- y la respuesta que este genera, como un estado emocional, mental o una conducta especifica.

La PNL ha reconocido, por ejemplo, que los anclajes pueden reemplazarse siguiendo una simple regla: **Un ancla fuerte, siempre reemplazará a la más débil.**

Volviendo sobre el ejemplo del niño con el perrito, si ese niño tiene la oportunidad de convivir con su propio perrito, las emociones que este le brinde borrarán el anclaje que ponía al niño en una situación de temor frente a los perros.

Para generar un anclaje son necesarios dos elementos: **La repetición, y la intensidad.**

Como repetición hacemos referencia a que la experiencia debe revivirse varias veces.

El hacerlo, ayuda a que cada vez sea mucho más rápida la aparición de la reacción deseada. Es así como el cerebro después de varias repeticiones logra asociar la vivencia con el disparador, y por lo tanto decide usar como atajo esa ancla con el fin de generar la reacción. Esa es la economía de la mente.

- El otro elemento a parte de la repetición es la intensidad.

Nuestro cerebro registra como importante todo evento que traiga asociada una emoción. Las emociones producen un estado de alerta en donde el cerebro tiene que producir una gran cantidad de reacciones biológicas y sustancias bioquímicas para adaptarse lo antes posible. Es así como un anclaje emocional puede quedar inmediatamente instalado dependiendo de la intensidad de la emoción.

La combinación de ambas: repetición e intensidad es la mejor forma de crear un anclaje.

Muy seguramente usted ha escuchado alguna vez una frase o dicho que le recuerda a alguien que solía repetirlo con frecuencia, o tal vez usted cuenta con algún tipo de amuleto de la suerte, un objeto que usted cree le ayuda a que le vaya bien.

Ambos son casos de anclajes. Las palabras repetidas con frecuencia, si vienen atadas a una sensación, resultan en un anclaje; Y ese amuleto de la suerte, por así decirlo, ha dado la casualidad que usted ha contado con él en momentos de alta excitación emocional en donde ha salido adelante, con lo que usted puede creer que el objeto le trae dicha suerte, cuando en realidad es su mente la que ha vinculado sus momentos de éxito a la compañía de dicho objeto.

¿Ha escuchado hablar sobre los perros de Pavlov? Este médico ruso realizó un experimento donde siempre antes de alimentar a sus perros, hacía sonar una campana, con lo que estos salivaban en espera del alimento. Luego, se dio cuenta que podía activar dicho proceso de salivación en cualquier momento con solo tocar la campana.

Y es que un anclaje es un condicionamiento, un disparador de un programa, el accionador de un patrón. Si en la calle pasas y le dices a alguien "*Buenas tardes*" seguro le activarás el patrón de corresponderte el saludo; si a alguien se le cae algo y te sientes presionado a recogerlo, han activado en ti el anclaje del programa de "*recoger del piso para ser amable*", con lo que a su vez activarás en la persona su programa o patrón de agradecimiento.

Nuevamente acción y reacción. ¿Ves que fácil es?

¿Para qué pueden servirnos estos anclajes? Precisamente para evocar emociones que podamos considerar útiles en cierto momento.

Generar anclajes sobre nosotros mismos y los demás es muy sencillo:

El secreto para generar anclajes en los demás es **asociando una emoción que ellos experimenten con alguna palabra, gesto o sensación u objeto**.

Por ejemplo, si usted siempre que lleva a su pareja a una cena romántica suele vestir una camisa o echarse un perfume en particular, el día que usted use dicha camisa o perfume en otro contexto, producirá una reacción romántica en ella similar a la de sus cenas.

Si cada vez que su hijo aprueba un o experimenta un gran logro, usted le dice una frase alentadora como "*Te felicito. Estás destinado a hacer cosas grandes.*" y luego le das un abrazo, con el paso del tiempo, de tanto usar la frase, el día que su hijo requiera una inyección de autoconfianza, bastará que le diga esa frase y lo abrace, y con eso inconscientemente evocará sus logros pasados con lo que se sentirá más confiado para enfrentar lo que requiere en el presente.

También puede crear anclajes en usted mismo.

Uno de mis favoritos consiste en dibujar con la mano un círculo invisible sobre mi estómago mientras digo en voz alta la palabra **CANCELA**. Este, es mi anclaje para "cancelar" o no recibir algo que considero es un estímulo negativo.

Hágalo así: Con la mano derecha señálese a sí mismo en el pecho. Ahora haga un circulo que empieza en el centro del pecho, baja al estómago y termina en la posición donde estaba señalándose mientras repite en voz alta "*CANCELA, CANCELA, CANCELA*". hágalo toda vez que usted se dice algo que no le gusta, o recrea un pensamiento pesimista o trágico, o que alguien le dice algo que usted no quiere para sí.

CANCELA: Es un sencillo disparador para no recibir, ni instalar en nuestras mentes, aquello que consideramos nocivo.

Otro utilísimo anclaje que suelo emplear es el de usar la palabra **FLUIR** combinada con un ademán de las manos como si estuviera nadando.

Toda vez que debo enfrentarme a una situación desconocida, simplemente me digo a mí mismo "*FLUIR, FLUIR, FLUIR*" y hago el gesto con las manos como si me sumergiera en el agua. Así, invito a mi mente a dejarse sorprender con la situación y dejarme llevar por lo bueno que la experiencia pueda traerme. Permitirse fluir en la vida, es permitirse vivir la vida. ¡Pruébelo!

Finalmente, permítame hablarle de otra poderosa forma de generar anclajes en uno mismo, que seguramente ya ha usado sin siquiera saber:

¿Recuerda cuando mencionábamos como una canción le recordaba alguna situación pasada? la música es un poderosísimo mecanismo para invocar emociones y por lo tanto, para actuar como disparador de patrones y anclaje neurolingüístico.

La música es un generador de anclajes por excelencia: Usted puede cambiar su estado de ánimo a voluntad escogiendo un tema musical que haya escuchado en el pasado o que le evoque una emoción similar a la que requiere.

¿Quiere sentirse confiado y enérgico? Busque música enérgica.

¿Quiere sentirse creativo y calmado? Algo de música clásica podría ayudarle.

¿Quiere sentirse alegre y social? Tal vez algo más movido podría ayudarle.

Si usted echa un vistazo a su colección de música y analiza los recuerdos que las diferentes canciones le evocan, seguro podrá generar una lista de reproducción a la medida de sus requerimientos emocionales.

Si usted tiene una entrevista de trabajo, ¿por qué no poner música enérgica en vez de la melancólica de siempre? Hacerlo activará en usted el programa adecuado para llegar con toda la energía posible.

Todos respondemos a la música por igual. Personalmente, creo que no existe una manera más sencilla y poderosa de generar anclajes que por medio de la música que escuchamos. No pase este detalle por alto, y revise en su lista de reproducción o viejos CDs, usted seguramente tiene música para todo tipo de estado emocional.

A continuación, le explico un detallado y poderoso ejercicio de anclajes llamado **EL CÍRCULO DE LA EXCELENCIA**. Dicho ejercicio emplea técnicas de visualización combinados con anclajes neurolingüísticos, al vincular el caminar hacia un círculo imaginario para evocar un estado de optimismo y confianza en sí mismo.

¿Se imagina usted poder contar con total autoconfianza a voluntad, y siempre que lo necesite?

Deje de imaginarlo, esto es más posible de lo que usted cree tal y como verá con este ejercicio.

Sé que lo encontrará de utilidad.

El Círculo De La Excelencia

Este ejercicio es uno de mis favoritos.

De hecho, lo publiqué en mi segundo libro **EL ARTE DE INSPIRAR AUDIENCIAS**, en donde explico cómo hablar en público y realizar presentaciones espectaculares.

Está demostrado que el mayor temor de todo ser humano, por encima de las alturas y las serpientes, es el de sentirse avergonzado en público.

Hablar frente a un auditorio, es una de las mayores pruebas de autoconfianza que existen, este ejercicio en particular hace uso de las submodalidades y los anclajes para prepararnos ante dicha eventualidad.

Para hacerlo, usted necesitará un lugar tranquilo y relajado, y aislado de cualquier distracción.

Le sugiero que lea en que consiste el ejercicio antes de proceder a practicarlo.

¿Está listo?

Bien, relájese, cierre los ojos y enfóquese en su respiración, tomando aire y dejándolo salir.

Quiero que ahora reviva un instante de su vida en donde se sintió confiado:

1. **Levántese.** Póngase de pie con los ojos cerrados y recuerde algún momento de su vida, donde usted sintió contar con una confianza de acero, un momento donde sabía que nada malo podía ocurrir, donde experimentó confianza y control total y abundante.

2. Revívalo viendo, escuchando y sintiendo tanto como le sea posible ese instante en su mente. Revívalo una y otra vez, hágalo tan vívido como sea posible. Disfrute esa sensación de satisfacción en el pecho, casi como si usted fuera un súper héroe. ¡Usted se siente pleno y totalmente capaz!

3. Ahora, vamos a enmarcar este momento glorioso dentro de nuestro círculo de la excelencia. Esto es, conforme sientes ese nivel de confianza aumentando dentro de ti, imagínate un círculo de color justo debajo de tus pies.

Piensa en un color que te represente confianza, y pinta este círculo de dicho color de manera intensa. Además, ponle algún sonido a ese círculo, una especie de zumbido como de radiación y poder. Tú estás dentro de este círculo de energía reviviendo ese momento de confianza de acero.

4. Ahora, justo en ese instante en que al revivir esa experiencia sientes esa confianza en el punto máximo, sal físicamente de este círculo imaginario: Da un paso a un lado físicamente, mientras imaginas que sales del círculo. Ahora ves dicho círculo y le escuchas zumbar con energía desde afuera. Míralo lleno de energía y color, pero sin ti adentro.

5. Es momento ahora de proyectarte: Imagina ese instante en el futuro en que quisieras contar con una confianza implacable, ese momento en que escuchas tu nombre antes de salir a hablar en público, o que serás sometido a prueba y quieres contar con tu mejor guardia. Imagina ese instante futuro y luego hazte consciente de que el círculo de energía está allí para ti al frente tuyo, dispuesto para dicha situación.

Imagínalo al frente, proyéctate en ese momento y mira tú círculo allí brillando y zumbando al frente tuyo.

6. Tan pronto como imagines ese momento futuro en que requerirás de tu confianza al máximo nivel, vuelve a dar un paso físicamente, de manera que ingreses nuevamente al círculo y sientas desde adentro su radiación y poder.

Ahora estás experimentando la confianza del momento pasado, como si estuviera aconteciendo en esa situación futura. Ese círculo lo llena de energía y confianza para ese momento. Siéntelo tanto como puedas de nuevo.

Siente tu confianza de acero dentro del círculo, viviendo ese momento futuro para el que necesitas estar listo.

7. Ahora, salte del círculo nuevamente, da un paso a un lado e imagina que dejas esos sentimientos de confianza dentro de él.

Aquí afuera, piensa nuevamente en ese acontecimiento futuro y te darás cuenta de que fácilmente puedes retomar la sensación que experimentaste dentro del círculo, con solo pararte sobre él.

Ahora puedes ingresar dentro de este círculo en cualquier momento, y esto significa que te has reprogramado para ese instante.

Cuando llegue el momento futuro que debes enfrentar, haz el ejercicio de ingresar en tu círculo de la excelencia para armarte de los recursos pasados que te serán útiles en el futuro.

Practica este ejercicio con frecuencia: Ponte dentro de tu círculo de excelencia viviendo un momento de absoluta confianza que ya hayas experimentado. Luego da un paso a un lado para salirte del círculo y obsérvalo al frente tuyo con todo su poder. Mientras tanto, recrea ese momento futuro para el que te sería útil contar con esa confianza de acero, e inmediatamente ingresa dentro del círculo físicamente para revivir su poder

Una vez llegue el momento para el que lo requieres, te encontrarás respondiendo con mayor naturalidad ante la situación.

¡Eso, te lo garantizo!

Esta página se ha dejado en blanco a propósito

Cómo Usar PNL En Negociación

Volviendo sobre la presuposición de que el mapa no es el territorio, concluíamos que cada uno de nosotros, se guía bajo su propio mapa.

Todos nosotros vemos la vida de forma diferente, pues la hemos hecho a partir de experiencias diferentes y por ello, cada quien encuentra su propio significado a los diferentes momentos que van coloreando sus días.

Es por esto que todos tenemos diferentes propósitos y todos buscamos cosas distintas.

Hay algunas cosas que no nos gustan y otras que sí. Todos tenemos objetivos diferentes en mente, y es esta la razón por la que con frecuencia entramos en conflicto con los demás, pues ellos también buscan satisfacer sus propios deseos y requerimientos.

Cuando dos personas quieren algo diferente y están dispuestas a superar el conflicto, aparece lo que conocemos como **negociación**: una búsqueda conjunta por una solución, la cual, ambos esperan pueda dejarles satisfechos.

Podemos generalizar y decir que todas nuestras interacciones son formas de negociación. Si discutes, es porque estás negociando algo. En toda negociación cada parte involucrada desea obtener lo que quiere de los demás al darles a los demás lo que ellos quieren. Sin duda, la negociación es clave cuando se trata de comunicación.

Sin embargo, muchas personas creen que el negociar es un arte holístico cuando en realidad, es algo que puede estudiarse y aprenderse, y es además algo, en lo que la PNL resulta ser extremadamente útil.

Si vamos a hablar de negociación, debemos pensar como estrategas.

Todo estratega busca estar un paso adelante siempre.

Un estratega es proactivo antes que reactivo, y por ello, dedicará tiempo a las tres etapas fundamentales de toda negociación: **El antes, el durante, y el después**.

Antes de cualquier negociación, es necesario que definas qué es lo que quieres conseguir y cuáles son tus límites.

Esto es, define lo que estás dispuesto a negociar y lo que no, pues así muchos no lo acepten, hay cosas que simplemente... ¡no se negocian! Plantea lo máximo y lo mínimo con lo que estarías dispuesto a salir satisfecho.

Luego, define una evidencia que pueda demostrarte que has obtenido lo que quieres: ¿Lo que vas a obtener es a corto o largo plazo? ¿Cómo sabrás exactamente que lo has conseguido o que lo estás consiguiendo?

Y después, procura poner tu mente en un estado proactivo.

Jamás olvides esto: **Tu habilidad para negociar dependerá de tu estado anímico y mental.** Emplea tus habilidades de generar anclajes y emplear el ejercicio del **círculo de la excelencia** para prepararte.

Luego, entramos de lleno a la negociación:

¿Qué vamos a hacer en este punto? Tu prioridad es, de nuevo, **mantener tu estado anímico y mental.** Si la negociación no está saliendo bien, tu estado anímico y mental es prioritario. Jamás lo olvides.

Además, procura emplear las técnicas para generar rapport y empatía. Emplea tu lenguaje corporal y emula las palabras y tono de voz de la persona con la que negocias. Pero, se consciente de la diferencia entre **Comprender y Aprobar**. Que emplees tus técnicas de empatía, no quiere decir que tengas que aprobar todo lo que la persona pide, solo busca comprender y respetar su posición.

Busca comprender tanto como puedas a la otra persona.

Aquí las preguntas juegan un papel importante. Las preguntas y sus respuestas nos dan el poder de evitar malentendidos y obtener información. Las preguntas además tienen el poder de generar estados emocionales.

No está mal preguntar a la otra persona *"¿Cómo puedo comprender mejor lo que quieres darme a entender?"* Una pregunta tan sencilla, parece entregar el control a tu interlocutor, cuando en realidad te está proporcionando información a ti, sobre lo que necesitas saber para comprender exactamente a la otra persona.

Si estás haciendo preguntas del tipo "*Por qué*", dichas preguntas buscan una justificación.

Si estás haciendo preguntas del tipo "*Qué*", dichas preguntas buscan una referencia.

Pero las mejores preguntas son las del tipo "*Cómo*" que proporciona información táctica y estratégica, sin rodeos.

Además, fíjate si tus preguntas están orientadas al pasado, al presente o al futuro.

Muchas personas antes que avanzar prefieren quedarse en el pasado hasta que exista alguna forma de reparación o condena. Pero ubicarte en el futuro es abrir puertas desde el hoy.

Cuando algo no pueda acordarse, busca comprenderlo, y para ello, los "Cómo" serán siempre tus mejores aliados.

Y finalmente una vez terminada la negociación, es necesario que definas alguna forma de evidencia de que el acuerdo ha sido efectivo: Tal vez un testigo, un contrato escrito; algo o alguien que permita constatar que el acuerdo se está cumpliendo o se efectuará.

Ahora, permíteme compartirte unas claves sencillas de las que puedes echar mano al momento de sentarte a negociar:

1. **Mantén tu mente en el futuro.** Busca moverte hacia un acuerdo antes que alejarte de un problema o encontrar culpables.

2. **Ubicación espacial:** De ser posible, busca que las personas involucradas en la negociación se sienten en ángulo, una al lado de la otra, en una mesa antes que opuestos uno contra el otro. Si puedes emplear una mesa redonda u oval, tanto mejor. Esto

da a entender subconscientemente que no hay contraparte y que todas las partes negociando están al mismo nivel.

3. **Enfoque.** Busca enfocar la negociación como un acuerdo donde ambas partes buscan la solución a un problema común. Usa una diapositiva o escribe aquello que deseas conseguir en un papel y déjalo al frente donde todos puedan verlo por igual.

4. **Relevancia.** Mantente claro en lo relevante. Es muy común durante una negociación desviarse y tomar otros caminos. Recuerda mantener tu estado anímico, y si ves que se están desviando las partes, refiérete nuevamente al problema inicial y busca la forma de anclar en los demás el que se están desviando del tema, emplea un gesto como tocarte la frente con el índice y cerrar los ojos o hacer un sonido característico una combinación de palabras tal vez, como "*Pero, pero, pero, pero...*" o chasquear los dedos, como muletilla, para volver a traer la atención sobre el asunto inicial.

5. **Recapitula.** Cada cierto tiempo, has una recapitulación sobre aquellos puntos que han encontrado en común y los acuerdos a que han llegado. Esto ayuda a generar mayor empatía y rapport.

6. **Tu propuesta va de última.** Nunca hagas una contrapropuesta inmediatamente tras escuchar su propuesta. Créeme, en este instante en lo que menos interesado esta tu interlocutor es en escuchar tu propuesta. Discute su oferta primero.

7. **Pregunta.** Es mejor usar preguntas que afirmaciones. Busca hacer preguntas que puedan permitirle a la otra persona descubrir por sí misma las fallas en su propia propuesta. Esto, es lo que se denomina como aplicar el modelo socrático.

8. **Calidad.** Es mejor que presentes solo una BUENA Y SOLIDA razón de por qué tu propuesta es la mejor, antes que dar muchas pequeñas razones. Calidad, siempre sobrepasará a cantidad.

9. **Evitar el Pero.** Presta atención al uso de PEROS. Cuando usamos el pero, denotamos incongruencia o insatisfacción. Somos congruentes cuando decimos "Sí", somos congruentes al decir "No". Y no hay congruencia cuando decimos "*Sí, pero...*", o "*No, pero...*". La incongruencia no es mala, solo indica que es necesario obtener más información, no hay claridad sobre una acción o existe cierta inseguridad.

10. **Instinto.** Siempre, durante y tras la negociación, toma nota de cómo se comportan las diferentes partes. Cómo percibes sus reacciones y estados anímicos. Recuerda que tu prioridad es tu propio estado mental, no te dejes afectar. Tomar estas notas sobre su comportamiento y percepción emocional te dará una ventaja enorme: Estarás echando un vistazo al tipo de mapa mental con que cuenta tu contraparte y ello te permitirá modelar su forma de pensar y ver qué tipo de palabras y propuestas son las que le atraen o repelen. No pases esto por alto.

El área de la negociación bajo la óptica de la PNL es bastante extensa. De hecho, dedico casi una tercera parte de mi libro **SÚPER LENGUAJE CORPORAL**, al poder del Rapport y uso del lenguaje corporal aplicados a las áreas de la negociación y liderazgo.

Las anteriores son solo algunas claves prácticas que puedes comenzar a usar ahora mismo, y que, conforme avances en su prueba, puedes buscar poner en práctica otras más.

Finalmente, es necesario que tengas claro que hay batallas que no vale la pena luchar.

Jamás te involucres en una negociación que corra el riesgo de no tener fin.

Esto es, si las reglas no están claras desde el comienzo, no habrá forma de saber cuándo se ha llegado a la finalización de la negociación.

Ten cuidado con negociaciones donde las posiciones de poder o el mantener las apariencias sean más importantes que el resultado, o donde el negocio requiera la existencia de un ganador y un perdedor.

¡Eso, es un consejo para la vida!

Esta página se ha dejado en blanco a propósito

Instálate Nuevos Programas Mentales Para Hacerte Al Beneficio De Los Demás

Alguien dijo alguna vez que la imaginación nos puede permitir llegar a donde nuestros sentidos no pueden.

Hemos dicho que la PNL proporciona un método para programar nuestra mente. Estos programas básicamente le dicen a nuestra súper computadora *"Toma esta información, toma esta otra y dales este tipo de significado para producir este tipo de acción"*.

Dichos programas son de tres tipos:

1. Los microprogramas o microestrategias: son aquellos programas mentales que nos permiten recordar un teléfono, o donde dejamos aparcado nuestro auto. Estos son básicamente rutinas simples.

2. Los macroprogramas o macroestrategias: son conjuntos de programas que combinados entre sí buscan alcanzar fines más complejos. La capacidad de liderazgo y el éxito son ejemplos de estos macroprogramas.

3. Los metaprogramas o metaestrategias: Programas de los que echa mano la PNL para aprovechar nuestros recursos pero actuando según los macroprogramas de aquellos individuos a quienes admiramos.

¿Recuerdas aquella presuposición según la cual decíamos que *"Si es posible para alguien, es posible para todos"*? Pues es así como el término MODELING o MODELAR hace su aparición.

El Modeling o modelado en PNL no es más que imitar lo que consideramos exitoso en los demás para hacernos a ello en nuestra propia vida. Piensa en ello como descargar y ejecutar nuevos programas mentales que otras personas ya han usado con éxito para alcanzar un beneficio.

Esta tecnología es increíblemente excitante, satisfactoria y muy simple de poner en práctica, y se basa en solo cinco pasos:

1. Identifica un modelo:

¿A quién admiras? ¿Quién ha alcanzado aquello que quisieras lograr y lo hace de una manera consistente? Busca algún individuo que haya alcanzado el éxito que quisieras para ti. Puede ser un personaje famoso, del pasado o del presente, vivo o muerto, no importa.

2. Copia su comportamiento:

Recordemos que si sirve, entonces es útil para la PNL.

No necesitamos entender el por qué esa persona actuó en su momento como tal. Nos interesa lo que logró, y es aquí donde deberás apropiarte a manera de juego de lo que esa persona hizo: Imita a quien admiras. Imita su forma de hablar, de caminar, básicamente **ACTUA COMO SÍ** fueras esa persona.

En el cine y teatro, los grandes actores hablan del método según el cual se meten en sus personajes imitándolos tanto como sea posible fuera de cámaras. Lo mismo funciona en el mundo real: Si uno comienza a imitar a aquellos a quienes admira, uno seguramente obtendrá resultados similares de acuerdo a sus recursos.

¿Y hasta cuando imitar a aquella persona, a ese modelo a seguir? Aquí viene el tercer paso:

3. Hazlo hasta obtenerlo:

Actúa como si fuera esa persona hasta que obtengas lo que quieres. A medida que le imites, irás asimilando de manera inconsciente sus programas para lograr lo que esa persona logró. Imítalo hasta que lo logres. Los americanos dicen con frecuencia **"Fake it till you make it"** que quiere decir, sencillamente **"Imítalo hasta que lo logres"**.

4. Optimiza el programa:

Es necesario que pulas ese comportamiento. Todo programa trae consigo algo de ruido. No hay programa perfecto. Incluso esa persona que admiras tiene algunas cosas que tal vez no te resulten tan útiles. Así que fíjate en lo que estas imitando, ¿qué partes no consideras necesarias? ¿Qué son aquellas cosas que tú no crees convenientes para obtener el resultado que buscas? ¿De qué elementos puedes prescindir?

Por ejemplo, Steve Jobs fue un gran líder e innovador, pero trataba supremamente mal a sus subordinados. Si jugaras a ser Steve Jobs, seguramente te sorprenderías de lo que podrías lograr. Pero, si te deshaces de esa parte de su programa, la del maltrato hacia los demás, estarás mejorando el programa de Jobs para ti mismo, y personalizándolo a tus recursos.

5. Codifica tu modelo:

Ya llevas un buen rato imitando a esa persona, obteniendo resultados y además puliendo ese programa al punto de eliminar aquello que no encuentras útil. Es hora de codificar tu modelo: Escribe en papel lo que has encontrado. ¿Cuáles son las claves que TU has descubierto de esa personalidad que puedas imitar y que pudieras incluso entregar a otro que quisiera obtener el mismo tipo de éxito?

Este contenido del que te estás haciendo ahora mismo a través de este libro, es precisamente una codificación de ese modelo.

En cierto punto de mi vida, yo mismo quise hacerme a la PNL para aprovecharla. Algunas de sus cosas me funcionaron tan supremamente bien, que ahora he decidido pasar el programa y es así como tú estás leyendo de forma práctica mis descubrimientos.

Ese último quinto paso, no es necesario, pero es la forma en la que los grandes dejan huella: describen sus programas para pasarlos a otros, o incluso retomarlos en cualquier momento que lo requieran.

Una de las formas más comunes de hacerse a programas de personas exitosas es leyendo sus biografías. Empapándose tanto como sea posible en su forma de pensar. Repito: no importa si ese modelo a seguir vive aún o si lo hizo hace mil años, lo único que tienes que hacer es imitar lo bueno de quien admiras por tanto tiempo como sea posible, hasta que obtengas resultados como los que quieres para ti, y luego, fijarte exactamente en qué es lo que has hecho para lograrlo.

Así que, esto de modelar, no tiene nada complicado y sus resultados pueden ser asombrosos.

Actúa como Sí. Esa es la clave.

A continuación, te comparto un pequeño ejercicio empleando tu panel de control.

Una Técnica De PNL Para Transformarte En Quien Desees

Para este ejercicio, piensa en alguien a quien admires y que haya conseguido algo grande.

Piensa en alguien inspirador, Gandhi, Churchill, Luther King, Robin Hood, Súper Man, Jesús, Moisés.

Piensa en alguien cuyos logros te hagan pensar *"Wow, que increíble lo que esta persona logró"*, alguien que reconozcas como un héroe.

Ahora, piensa en aquello que logró esa personalidad que escogiste: busca un momento de su vida que consideres admirable. Tal vez es Steve Jobs presentando el iPhone por primera vez al mundo, tal vez es Mark Zuckerberg, fundando Facebook, o Gandhi dando un motivador discurso.

Enciende tu panel de control mental y comienza a ver la película de esa persona llevando a cabo ese gran logro de su vida.

Míralo en tu panel de control, en tu pantalla, y alarga la imagen. Hazla grande y vívida. Hazla inspiradora. Imagina esta, como una película de 30 segundos dónde visualizas ese logro increíble que ahora te inspira.

Mira el actuar de esa persona y ahora, ponle pausa a la película.

Ahora, entra en la película, aun en pausa y cambia al personaje principal por ti. Esto es, tú ahora serás la persona que admiras y vas a vivir ese mismo momento de ese héroe que admiras, como si fueras tú, el que lo está llevando a cabo.

Suelta la PAUSA y reproduce esta película contigo ahora como protagonista.

Eres tú ahora quien está realizando en esta película lo que ese admirable personaje hizo en su momento: ¡Tú, eres él!

Fíjate en lo que sientes, tus valores, tus capacidades.

Tú eres esa persona, logrando eso que quieres. Tú eres quien admiras.

Vive este instante como si fuera tuyo, ¡porque lo es! Queremos traernos este programa e instalarlo en tu mente, vívelo como si fueras tú mismo el que ha hecho aquello que ese personaje que admiras, en su momento logró.

Date cuenta de tu actitud. Date cuenta de que tan seguro te sientes de ti y de tus recursos.

Termina de ver la película contigo como protagonista y hazte las siguientes preguntas:

¿Cuáles son mis motivos?

¿Cuáles son esas cosas que te motivan para alcanzar lo que quieres?

Reflexiona al respecto...

Ahora pregúntate: **¿Qué acciones hiciste en esa película para llegar a ese punto?** Piensa en esos pasos que te llevaron a dónde estás viviendo la película de la persona a quien admiras, y piensa como si los hubieras hecho tú mismo. Detente a pensar en aquellos pasos que tomaste para llegar a donde llegaste en esa película.

Y finalmente pregúntate: **¿Cómo te sientes de haber alcanzado esto?** Reflexiona en la sensación y el placer de haberlo conseguido. ¿Qué emociones sientes? Vívelas tanto como sea posible. Fíjate en tus sensaciones de ser tú quien ha logrado lo que tu héroe o modelo a seguir logró en su momento.

Ahora es momento de finalizar el ejercicio.

Lentamente sustráete de la película, volviendo a ser tú en tu vida diaria, pero trayéndote contigo aquellos elementos en que reflexionaste tras esta experiencia.

Tráete contigo esas sensaciones, esos valores y experiencias se salen de la película contigo, los sientes despegándose de la película y haciéndose uno contigo.

Tráete contigo esos logros y esos éxitos, y aprópiatelos: Imagina que ellos hacen parte de ti, entran por tus poros y se hacen a tu mente, a tu forma de hablar, de pensar, de caminar y de responder.

Ese es todo el ejercicio. Ponerlo en práctica a menudo, te ayudará a desarrollar tu confianza y por supuesto, buscar recursos dentro de ti para emplearlos en pos de conseguir tus objetivos.

El ejercicio como ves es simple: mentalmente imitar a quien admiras viviendo un momento grande de su vida como si fueras tu quien lo está viviendo y preguntarte:

¿Cuáles son mis motivos?

¿Qué acciones hiciste para llegar a ese punto?

¿Cómo te sientes al haber alcanzado esto?

Esas tres preguntas son claves para buscar en tu interior recursos que te ayuden a modelar a quien admiras.

Para finalizar, permíteme compartirte otra técnica más, por si quieres modelar el comportamiento de alguien cuando enfrentas algún momento difícil:

Ante una adversidad, piensa en esa persona a quien admiras y pregúntate siempre *"¿Que haría esa persona ante una situación como esta?"*. ¡Así es! no tienes que entender las razones de esa persona, SOLO pensar que habría hecho tu modelo a seguir frente a esa eventualidad a la que TU te enfrentas y actuar como tal.

¿Qué haría esta persona? No te preguntes POR QUÉ, solo pregúntate QUÉ y hazlo. Eso, es la forma de modelar la excelencia.

Pero no te quedes solo en esto:

Puedes modelar comportamientos de tantas personalidades como quieras. Tal vez te gustan los microprogramas de algunos individuos: Su forma de hablar, su forma de tratar a los demás, cómo organiza su día, cómo come o como habla.

Tal vez te gustan los macroprogramas de otros, esos logros que han conseguido a lo largo de la vida, esas estrategias que emplearon para conquistar al mundo.

La idea es tomar esos microprogramas y macroprogramas y combinarlos para hacerlos **tus metaprogramas**.

Las opciones de emplear modelos en PNL son ilimitadas.

Escoge a quien quieres imitar, busca tanta información como puedas de esa persona: biografías, videos, noticias, busca en internet.

Decídete a actuar como él y eventualmente de manera inconsciente, terminarás pensando como esa persona, desarrollando tu mente de una manera similar y obteniendo lo que el obtuvo en su momento, pero con tus propios recursos, y bajo tu propio contexto.

Conclusiones

Sin duda este mundo de la Programación Neurolingüística resulta apasionante.

El echar mano de nuestros recursos para aplicarlos de una manera diferente nos ofrece una ventaja inmensa sobre los demás.

Como seres humanos estamos equipados con todo aquello que requerimos para enfrentar al mundo y triunfar en él. Solo basta probar algo nuevo.

Allá afuera, hay cientos de personas obsesionadas con ver el mundo gris o blanco y negro. Solo uno puede decidir qué significado darles a las cosas, y que hacer para lograr lo que quiere.

Recuerda que tu vida está siempre en aquello en lo que centras tu atención.

Este, es sin duda un curso súper práctico de programación neurolingüística, y aunque el énfasis está precisamente en lo práctico, procuramos visitar la parte teórica en la que sustenta la PNL con el fin de entender los fundamentos de esta tecnología.

Vimos en qué consistía la PNL y como esta es básicamente un mecanismo para reprogramar nuestra mente y reorganizar nuestros recuerdos y emociones.

Analizamos los pilares de la PNL y nos reconocimos como los únicos responsables de nuestra experiencia. Recuerda: Si no puedes cambiar al mundo, si puedes cambiar tu experiencia de este.

Vimos las presuposiciones de la PNL y ahora nos queda claro que cada quien tiene su propio mapa mental, algunos mapas son más completos que otros y que lo que nos causa temor es simplemente porque no está referenciado en nuestro mapa.

Aprendimos a manejar nuestro panel de control para reajustar nuestros recuerdos por medio de las submodalidades y luego, vimos como por medio del reframing, era posible dar nuevo significado a nuestros recuerdos y temores.

Aplicamos la técnica de ver la película al revés para curar fobias y quitarle poder a malos recuerdos, y luego aprendimos la técnica Swish para cambiar una conducta por otra.

Vimos cómo es muchas veces más efectiva la comunicación de lo que no se dice y analizamos técnicas de rapport para generar empatía.

Luego vimos la magia de algunas palabras. Las palabras moldean nuestra experiencia. Las respuestas que obtenemos son acordes al mensaje que comunicamos.

Descubrimos como romper patrones mentales, con lo que podemos cambiar nuestra conducta y la de los demás antes que nuestros viejos programas se ejecuten produciendo resultados que no queríamos.

Vimos la magia de los anclajes y aprendimos a poner en práctica el poderoso ejercicio del círculo de la excelencia para servirnos de autoconfianza para cualquier momento en que así lo necesitemos

Y finalmente, vimos algunas aplicaciones de la PNL a la negociación y como el modelar a quienes admiramos nos puede brindar sus mismos resultados en nuestro contexto.

Puedes estar seguro de que en toda esta información hay más de lo que necesitas para aprovechar la magia de la PNL en tu vida, y hacerte a una poderosa herramienta para alcanzar la excelencia. Este es tu momento de poner en práctica lo que has aprendido.

Acerca del Autor

Además de empresario, escritor y conferencista, Juan David Arbeláez es un Mentalista. Un adepto al poder de la mente, donde por medio de técnicas de sugestión, lenguaje corporal, programación neurolingüística, inteligencia emocional, magia escénica y hasta probabilidad, logra por medio de sus cinco sentidos crear la ilusión de un sexto.

Sus charlas-espectáculo han sido presentadas para miles de espectadores y grandes compañías colombianas como Bancolombia, EPM, UNE, Grupo Corona, Grupo Argos, Éxito, Grupo SURA, NUTRESA, y Grupo Familia, entre otras.

Juan David es además campeón latinoamericano de mentalismo y con frecuencia es invitado a demostrar sus habilidades y compartir sus experiencias en diferentes programas de televisión incluyendo shows de la talla de DON FRANCISCO PRESENTA en donde se ha presentado en múltiples oportunidades ante toda la teleaudiencia latinoamericana.

Es además el autor de los libros PIENSE PODEROSAMENTE, donde comparte ocho mentalidades enfocadas al desarrollo del verdadero poder personal; EL ARTE DE INSPIRAR AUDIENCIAS, en donde explica técnicas para hablar en público y realizar presentaciones asombrosas; IMPORTACULISMO PRÁCTICO, la última filosofía de vida para vivir bien de una buena vez; Y del libro SÚPER LENGUAJE CORPORAL, así como de varios audiolibros sobre temas variados de empoderamiento personal.

Su página en Facebook cuenta con miles de seguidores que periódicamente comparten y discuten con él sus artículos y videos.

Usted puede obtener más información acerca de Juan David Arbeláez para conferencias y presentaciones visitando su sitio web en:

http://www.MagiaMental.com

Otros libros

Piensa Poderosamente

Aprenda a desarrollar una mente positiva, original, decidida, estratégica, rentable, organizada, sincera y además atractiva. Ocho mentalidades para llevar su potencial personal al máximo.

El Arte de Inspirar Audiencias

Descubra cómo hablar en público proyectando una absoluta confianza y transforme sus presentaciones en verdaderos espectáculos a los que el público sí quiere prestar atención.

Importaculismo Práctico

Conozca los 25 principios que constituyen la última filosofía de vida para vivir bien de una buena vez, dejando a un lado el qué diran y retomando el control sobre usted mismo.

Súper Lenguaje Corporal

Cómo decir sin hablar, escuchar sin oír y otros secretos de comunicación no verbal para liderar en el trabajo, atraer al sexo opuesto, detectar el engaño y muchas otras cosas más...

Magia Estratégica

Lecciones de magia e ilusionismo aplicadas al mundo de los negocios, las ventas, el servicio, el liderazgo, la innovación, y la vida en general.

Importaculismo Práctico 2:
Deja la pendejada

La segunda parte al éxito IMPORTACULISMO PRÁCTICO, con una poderosa invitación a "¡dejar la pendejada!"

Ediciones electrónicas disponibles en Amazon.com

www.ingramcontent.com/pod-product-compliance
Lightning Source LLC
Chambersburg PA
CBHW021412210526
45463CB00001B/330